国家示范性高等职业院校课程改革教材

Daolu Paishui yu Fanghu Gongcheng Shigong

道路排水与防护工程施工

（道路桥梁工程技术专业用）

高宏新　主编
于国锋　主审

人民交通出版社

内 容 提 要

本书是国家示范性高等职业院校课程改革教材。全书共设置五个相对独立的学习情境，以典型工作任务驱动的方式，学习工作过程、技术实践知识和理论知识，实现工作与学习的整合，理论与实践的整合，专业能力、方法能力和职业能力的整合。这五个学习情境是：道路地面排水工程施工，道路地下排水工程施工，涵洞工程施工，道路防护工程施工，挡土墙工程施工。

本书是高职高专院校道路桥梁工程技术专业教学用书，可作为职业技能培训教材使用，也可供从事路桥工程施工的技术人员和管理人员参考使用。

图书在版编目（CIP）数据

道路排水与防护工程施工 / 高宏新主编．—北京：人民交通出版社，2010.1

ISBN 978-7-114-08052-4

Ⅰ．道… Ⅱ．高… Ⅲ．①道路－排水－建筑工程－工程施工 ②道路－防护－建筑工程－工程施工 Ⅳ．U417

中国版本图书馆 CIP 数据核字（2009）第 202237 号

国家示范性高等职业院校课程改革教材

书　　名：道路排水与防护工程施工（道路桥梁工程技术专业用）

著 作 者：高宏新

责任编辑：周往莲

出版发行：人民交通出版社

地　　址：（100011）北京市朝阳区安定门外外馆斜街3号

网　　址：http：//www.ccpress.com.cn

销售电话：（010）59757973

总 经 销：人民交通出版社发行部

经　　销：各地新华书店

印　　刷：北京交通印务实业公司

开　　本：787 × 1092　1/16

印　　张：7.5

字　　数：176千

版　　次：2010年 1 月　第 1 版

印　　次：2013年 1 月　第 2 次印刷

书　　号：ISBN 978-7-114-08052-4

定　　价：24.00元

道路桥梁工程技术专业课程改革教材
编审委员会

序　言

教育部《关于全面提高高等职业教育教学质量的若干意见》（教高［2006］16号）明确指出："高等职业教育作为高等教育发展中的一个类型，肩负着培养面向生产、建设、服务和管理第一线需要的高技能人才的使命"。探索类型发展道路、构建高技能人才培养模式、开发特色教学资源，是高职院校的历史责任。

2006年，辽宁省交通高等专科学校进入国家首批高等职业教育示范院校建设行列，公路桥梁工程技术专业是重点建设专业之一。几年来，该专业团队积极在"类型"概念下探索高等职业教育教学资源建设模式和"高技能人才"培养规格及培养模式。通过对公路建设工程整个过程各阶段的职业岗位和典型工作任务的调研、分析、论证，确定了面向施工一线的道路桥梁工程技术专业高技能人才的专业能力规格，即工程勘察与初步道桥设计、工程概算与招投标、材料试验与检测、道桥工程施工与组织、质量验收与评定"五项能力"规格，并结合北方地域气候特点，构建了教学安排与施工季节相结合、教学内容与施工过程相结合、校内实训与企业顶岗实习相结合的"三个结合"人才培养模式。针对"五项能力"，按照"三个结合"，着眼于实际操作、技术跟踪和综合素质的提高，系统开展课程体系、课程内容改革，并进行相应的教学资源建设，力图通过"在学习中工作，在工作中学习"的教学过程，实现高技能人才的培养目标。

本次出版的系列教材，是专业课程改革和教学资源建设的阶段性成果，是国家示范性建设成果的组成部分，也是全体专业教师、一线工程技术人员共同的智慧结晶和劳动成果。

在教材的开发过程中，得到教育部、国家示范性高等职业院校建设工作协作委员会、辽宁省教育厅等各级领导和诸多专家的关心指导，得到众多企业、行业及兄弟院校的大力支持，在此一并致以崇高的谢意！

由于开发时间短，教学检验尚不充分，错误和不当之处难免，敬请专家、同行指教！

道路桥梁工程技术专业教材开发组
二〇〇九年四月

前　言

《道路排水与防护工程施工》是以职业能力培养为核心，基于行动导向的职业教育理念，以道路排水与防护工程的施工过程为主线编写的适应道路桥梁工程技术专业高等职业教育的教材。本教材以国家和交通运输部颁发的最新技术标准、规范和试验规程为依据，以职业岗位工作目标为切入点，紧紧围绕道路排水与防护工程施工过程编写。在编写的过程中，注重理论联系实际，强化实用性和可操作性，重点突出行业岗位对从业人员知识结构和职业能力的要求，充分体现高等职业教育的特点。

本套教材具有以下特点：

1. 教材以行动为导向，以工学结合人才培养模式与实践为基础，按照典型性、对知识和能力的覆盖性、可行性原则，遵循认知规律与能力形成规律，设计教学载体，梳理理论知识，明确学习内容，使学生在职业情境中"学中做、做中学"。

2. 打破传统教材按章节划分理论知识的方法，将理论知识按照路基工程施工进行重构，通过任务的完成使学生学有所用，学以致用，与传统的理论灌输有着本质的区别。

3. 教材体现了以学生为主、老师为辅的教学理念。通过专业教室与多媒体教学设备的运用，引导学生进行自学、资料查阅和相互交流，老师只起引导和指导作用。

4. 教材以学习过程进行教学评价，强调学生的过程成绩，彻底打破了期末笔试定成绩的传统。

5. 教材内容充分体现新知识、新技术、新工艺和新方法，突出工艺要领和操作技能的培养，具有超前性和先进性。

本书共分5个学习情境，分别是：道路地面排水工程施工，道路地下排水工程施工，涵洞工程施工，道路防护工程施工，挡土墙工程施工。

本书由辽宁省交通高等专科学校高宏新制订编写大纲并担任主编，辽宁省交通高等专科学校王卓娅、才西月、刘洋及辽宁省交通勘测设计院胡伟等参与了本书的编写。具体分工如下：高宏新编写引言、学习情境1、学习情境2；王卓娅编写学习情境3；才西月、刘洋编写学习情境4；胡伟编写学习情境5，全书由高宏新统稿，辽宁省交通高等专科学校于国锋担任主审。

在编写过程中，参考和引用了大量有关文献资料，在此，对原作者顺致谢意。

由于时间仓促，水平有限，书中内容难免存在缺点和错误，敬请读者批评指正。

编　者

2009年5月

目　　录

引　言

一、本课程的性质与研究对象

《道路排水与防护工程施工》是高职高专院校道路桥梁工程技术专业的核心课程。道路排水与防护工程是路基单位工程中的分部工程。通过本课程的学习,使学生掌握道路排水与防护工程的基本原理、施工程序、施工方法。通过完成本课程安排的项目,使学生具有道路排水与防护工程的施工与组织能力。

本课程主要研究的对象是道路的排水与防护工程施工,根据路基排水与防护工程施工的工作过程,设计了"道路地面排水工程施工"、"道路地下排水工程施工"、"涵洞工程施工"、"道路防护工程施工"、"挡土墙工程施工"共五个相对独立的学习情境,在每个学习情境中首先介绍相关的理论知识,然后安排一个完整的施工项目,通过完成该施工项目来学习相关的知识,训练相应的技能,实现能力培养目标。

为了更好地完成学习任务,首先对本课程涉及的相关内容作一定的阐述。

二、路基工程中土石方工程与防护工程和排水设施的关系

路基的土质边坡很难抵抗长期的自然因素作用,如雨水的淋打和冲刷,水温状况变化引起的物理风化而产生脱块、冲沟、碎落等破坏。为了防止这些病害的产生,我们对边坡采取各种防护措施,例如采用干砌块(片)石护坡、浆砌块(片)石护坡、砂浆抹面护坡等。但这些防护设施只起隔离(防止风化)作用,并非受力结构,因此,必须是在路基边坡坡度能保证土坡稳定的条件下才能发挥作用。

路基排水设施如边沟、截水沟、排水沟、盲沟、渗井等均是为了拦截、汇集、引导地面水和地下水并尽快引流到影响路基强度和稳定性的范围之外,以保持路基处于干燥或中湿状态而设置的。

另外,还有挡土墙等支撑加固构造物,它们是受力结构,用以保持路基边坡稳定,如路肩挡土墙;或用以保持山坡的稳定以保护路基,如山坡挡土墙等。这些均属于路基工程,但路基土石方工程、排水工程、砌筑工程又各为路基工程中的分部工程,它们之间相互制约,关系密切,只有所有这些工程都能达到质量标准,作为整体的路基工程才是合格的或优良的。

三、公路排水的必要性

水是危害公路的主要自然因素,暴雨径流可以冲毁公路及其相关设施;积水的渗透和毛细水的上升可导致路基湿软、强度降低,重者会引起路基冻胀、翻浆及边坡塌方,甚至整个路基沿倾斜基底滑动;进入路面结构层内的水分可浸湿无机结合料的粒料层,导致基层强度下降,使沥青面层出现剥落、龟裂和松散;水泥混凝土路面由于接缝、裂缝多,从接缝、缝隙中渗入的水

分聚集在路面结构中，在重荷载的反复作用下，产生很大的动水压力，导致缝隙扩展迅速，接缝附近的细颗粒集料软化，形成唧泥、错台、断裂；桥梁支座浸水会产生构件老化等病害；路面排水不畅形成积水或水膜，会引起滑溜、水雾，造成安全事故。

因此，公路排水设施是公路工程必不可少的重要组成部分，在施工期可以提高施工效率，保障施工人员及设备的安全；在运营期，可以减少公路的返修率，降低维护费用，提高汽车运行的平稳性和安全性，提高行车速度，保证正常的通车时间，减少交通事故。

1. 排水的目的和任务

在道路工程中，水是引起路基路面及部分结构物损害的一个重要原因，作好路基排水工程的施工也是十分重要的。危害和影响公路结构的水，按水源不同可分为地表水和地下水两大类。地表水包括大气降水以及海、河、湖、渠、水库水，对公路的常规影响主要是冲刷和渗透。冲刷导致公路整体和局部稳定性损害或者破坏，渗透导致公路结构强度降低、失稳，特别对公路路基路面更是如此。地下水包括上层滞水、潜水、承压水，它的危害因条件和构造物本身的防水特性的不同而不同，有软化结构强度（如路基路面沉陷、翻浆），影响使用效果（如隧道、桥梁渗水）等。因此，路基必须具备合适完备的排水系统，保证迅速排泄路基范围内的地面水，并对影响路基稳定的地下水进行截流，降低水位或予以排除，从而保证路基具有足够的强度及稳定性。而公路排水的目的和任务就是将公路结构范围内的湿度降低到一定范围内，保持其常年处于干燥、中湿状态，确保结构的强度与稳定，以及避免积水，特别是路面积水，以延长和确保其正常的使用寿命，避免公路结构受水的危害。

2. 公路排水形式及设施

公路排水系统是由各种拦截、汇集、拦蓄、输送、排放地表水和地下水的排水设施和构造物组成的总体。按排除水的水源相对应的有地面排水和地下排水工程两大类，按排水工程的排水范围、目的、任务以及设置位置不同可详细分为地面径流排水、路界地表排水、路面内部排水、地下排水、构造物以及下穿道路排水，详见图 0-1 所示。然而公路排水无论如何划分，对某

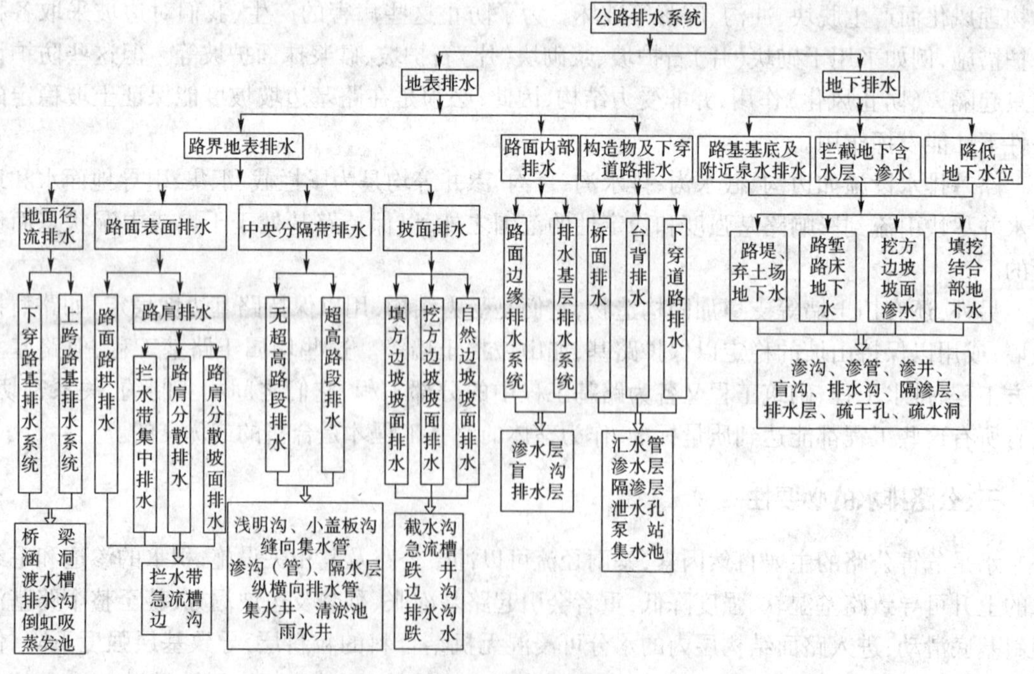

图 0-1　公路排水系统

一个点来说，设施是独立的，排水目的也是明确的（如中央分隔带排水、拦水带、截水沟、桥梁排水等），但对一个面、一个线来说，设施相互之间是联系的，目的和功能是多样的（如软基路段袋装砂井、塑料排水板排水、疏干孔等）。由此可见，公路排水是一个系统工程，是一个综合性较强的工程。

3. 公路排水系统设计、施工的原则和思路

在进行公路的排水设计和施工时，应遵守如下原则和思路：

（1）根据公路各路段平纵线形、断面形式以及构造物，详细调查、收集公路沿线各路段的气候环境、水文地质条件、农田水利规划以及自然水系、植被等资料，进行系统分析，分清排水系统的主次和重点，遵循先主后次，先重点后辅助，先地下后地面，先排水后防护等原则，拟定排水系统的总体思路。

（2）应遵循因地制宜、全面规划、因势利导、综合治理、实效经济的原则，充分利用地形和自然水系，以形成一套"地下地表结合"、"地形地势协调"、"形式和位置合理"、"互相之间匹配"，"沟渠长短合理"、"排送范围恰当"、"一物多能"、"匹配统一"、"经济实效"、"等级分明"，拦、截、汇、蓄、排、送、防为一体，"及时疏散，就近分流"，自成体系而又"对外开放"的综合的、系统的排水系统。

（3）根据各段水文地质以及公路构造物等因素，认真研究分析排水的目的和任务，明确核心任务，确定各段排水类型和排水方法以及排水设施。

（4）排水设施和排水方法的选择除认真分析其排水效果之外，应充分考虑其负面影响和危害（如明沟的"明沟效应"、路缘石排水的"隔墙效应"等），尽量避免和减少负面影响。

（5）充分认识水对公路的危害和影响，重视公路排水系统的重要性和必要性，杜绝排水设计和施工"机械化"、"通用化"、"自然化"以及"当然化"的现象。

（6）公路排水系统除考虑排除公路沿线地表、地下水之外，还应防止和减少沿线水土流失和水质污染。

（7）在公路排水设计和施工中，应不断总结经验教训，重视新技术、新材料、新工艺的应用，应避免"墨守成规"的"习惯性"，并重视路面排水与行车安全的关系。

（8）公路排水设计除考虑沿线地形、水文、地质情况，跨越地貌单元岩层地组多、山体开挖面大、施工难度大（如高边坡截水沟等）等因素之外，应充分考虑养护难度和成本。

（9）公路排水系统的独立性和开放性较强，设计中应结合路段特点，充分重视路段排水的特殊性（如隧道防排水，下穿路段排水，跨线桥桥面排水，互通式立体交叉排水等）。

（10）公路排水系统不仅要考虑排水设施的综合性、系统性、效果性、及时性、分散性、经济性等要求，还应考虑其景观效果，应充分考虑排水设施与自然环境的协调和配合。

（11）山区公路由于其工程艰巨、工艺复杂、投资大等原因，施工历时较长，当防护、排水系统未健全时，其防灾能力是最脆弱的，因此，公路排水系统施工过程中应充分重视和考虑施工期间的临时排水设施，防止雨水软化土体，避免形成"人工含水层"；应重视临时排水设施与永久排水设施的通用性，以节省投资。

（12）重视施工组织，否则"完美无瑕"的排水系统将留下遗憾，如渡水槽、倒虹吸、明槽开挖与农田季节灌溉的矛盾。应处理好公路防排水系统与工农业生产、生活用水的引排水系统之间的矛盾。

4. 公路排水流程

公路防排水系统流程见图 0-2。

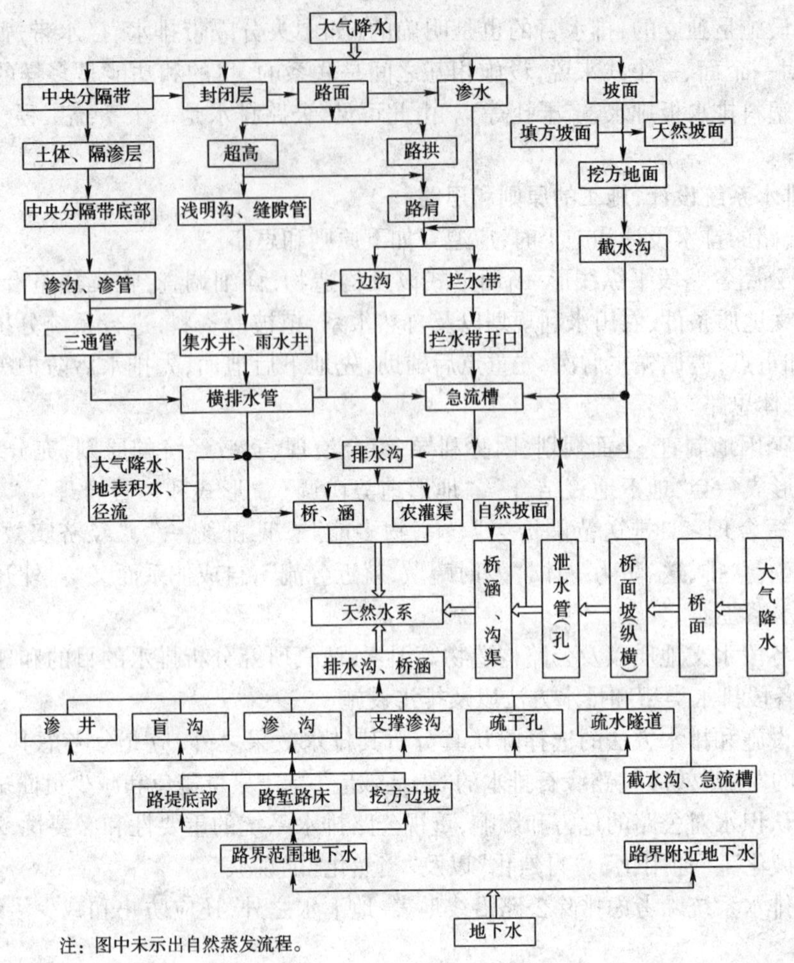

注：图中未示出自然蒸发流程。

图 0-2　公路排水流程

5. 公路排水设施施工质量保证体系

1)公路排水设施施工单位的质量保证体系

施工单位必须建立排水设施的质量保证体系，推行全面质量管理，制订和完善岗位质量指标、质量责任及考核办法。建立工地试验室，加强施工过程中的自检和工序交接检验及考核办法。发生工程质量事故，必须按规定向监理单位、建设单位及有关部门报告，并保护现场，接受调查，按主管方及监理工程师的要求，认真进行事故处理。

施工单位必须建立完善的质量自检系统，施工单位的质量自检由项目经理部为主体的三层次质量管理机构组成。三层次上级质检部门委派专人主管质量；项目经理部设技术负责人(或总工程师)主管技术及施工技术部，施工技术部负责各分区的质量检查、监督；各工区或队设技术员及专门质检员对排水设施的施工质量进行试验、检查的三级质量自检，见图 0-3。

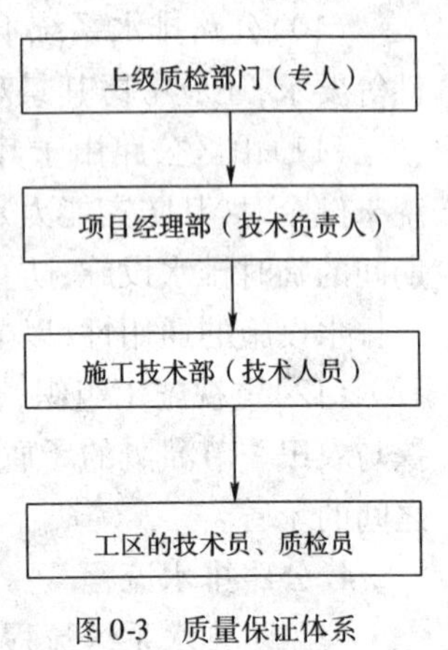

图 0-3　质量保证体系

(1)施工单位的质量自检员。施工单位应按照合同的要求指定专门的质量自检负责人，全面负责项目的质量自检工作；各级质量自检人员由富有施工经验、技术熟练、熟悉图纸和规范，并且工作负责、作风正派的技术人员或工长担任。

质量自检应根据有关的标准、规范，设计文件及监理单位签发的各种指令性文件，并应按监理单位制订的监理工作程序及自检后报检的各个步骤进行。

(2)施工单位的质量保证职责及要求。在排水设施施工前，相关人员应熟悉排水设施的设计图纸、设计文件和设计意图，并对现场进行踏勘。

在排水设施的施工中，施工单位应对每道工序或工艺进行现场质量自检，保证整个施工过程中的材料、操作及工艺符合要求，并获得监理人员的认可。对施工过程中出现的质量缺陷，经监理人员认可后及时采取措施予以消除；对工程质量事故或安全事故进行现场记录，并及时报告监理工程师。按技术标准及合同规定的抽样频率、时间和方法，及时通知工地试验室进行取样或现场试验，并对保留在工程现场试样的养护与管理进行监督检查；及时检测工程部位的位置、高程和几何尺寸，并提供资料以获得监理人员的认可；对每道工序或分项工程完工后进行自检和测定，配合监理工程师检查验收；对每项排水设施的质量进行数理统计和整理分析，建立质量档案，交工验收时提供详实的排水施工竣工资料。

(3)工地试验室(排水设施试验可与其他公路结构设施试验共用)的功能及要求。工地试验室承担进口材料及流动试验室没有条件完成的当地材料的鉴定试验，并将试验结果提交监理工程师中心试验室进行复验和批准；对流动试验室的试验项目进行抽检试验，并将抽检试验的结果报监理工程师中心试验室备案；统一协调和管理流动试验室的试验业务；对全部工程项目的各种试验结果进行数理统计和分析整理，建立全部工程的试验资料档案，为工程竣工提供翔实的试验资料。

(4)流动试验室(排水设施试验可与其他公路结构设施试验共用)的功能及要求。对工程所用的当地材料进行鉴定试验，并将试验结果提交监理工程师中心试验室进行复验和批准。配合施工，提供和采集为控制施工质量所需要的各种参数；根据规范和相关文件规定进行抽样试验和工序或单项工程完工后的检查试验，并向监理工程师提出试验结果。

2)公路排水设施建设单位的质量保证

公路建设方应建立、健全质量保证体系(与其他公路结构设施质量管理体系共用)，建立内部质量管理制度，落实质量岗位责任制。

开工前应组织施工图纸审查和设计交底；施工中应对工程质量进行检查和必要的抽查；工程完工后应及时组织工程验收，建立、健全工程质量的全部档案。

6. 公路排水设施设计单位的质量保证

设计单位必须建立相应的公路排水设施的质量保证体系，设计中必须对公路排水系统、设施、选用材料等进行系统的设计、复核、审核、会签，建立批准制度，明确各阶段的责任人，对相应的排水设施的设计质量负责。

设计中，排水设施的设计深度应满足相应阶段的有关技术规范、规定要求，排水设施的设计必须具有系统性和全面性。开工前应做好设计文件的交底工作，使施工、监理和建设各方熟悉设计图纸、设计文件和设计意图；在施工过程中，设计方应随时掌握施工现场情况，对施工与设计不符的地方应及时向有关方提出，对设计与现场不符、排水系统不完整、施工难以实现、有更好的排水方法和措施等情况，设计应及时给予修改和完善；完工后，设计单位应对排水设施的工程质量是否满足设计要求提出评价意见。

7. 公路排水设施监理质量保证

1)排水设施质量监理的任务

监理人员应对排水设施施工进行全过程检查、监督和管理,消除影响工程质量的各种不利因素,使施工单位施工的排水设施满足使用要求、设计图纸、技术规范和验收标准。

2)排水设施监理的组织体系

监理工程师应建立完整的质量组织保证体系,保证对所有施工环节进行有效的控制,应有齐全的材料、试验、测量、计量及相应专业的技术人员,有明确的职责、岗位、工作方法和工作程序。

3)质量控制程序

(1)熟悉排水设施的设计图纸、设计文件和设计意图。

(2)排水设施开工前,应检查:施工单位的施工方法、施工程序是否合理;质量保证体系是否齐全、到位;施工人员技术水平能否满足施工要求;施工设备能否满足要求和是否齐全;对施工单位的施工放线测量进行检查和认可,以确定是否可以开工。

(3)施工过程中,对各项排水设施的位置、高程、尺寸及其线形的准确性进行监督、检查和认可;对排水设施的各道施工程序、施工方法和施工工艺以及材料、机械、配比等进行全方位的巡视、全过程的旁站、全环节的检查,以达到对施工质量有效的监督和管理,并现场监督施工单位的试验抽样及施工记录;对施工方法、施工工艺进行确认,是否采用了规定的施工方法和施工工艺进行排水设施的施工;对排水设施的施工材料、配合比和强度进行必要的抽样试验(抽样试验量为施工抽样试验量的10%~20%),同时应对施工单位的试验设备、人员资质、操作方法、资料管理等项工作进行有效的监督、检查和管理,各种试验应采用统一的表格进行记录、报告和统一的方法进行整理、保存;对进入排水设施施工工地的材料、商品构件应要求施工单位提供生产厂家的产品合格证书及试验报告,应按规定的批量和频率进行抽样试验,不合格的材料或商品构件不准用于排水设施工程,并由施工单位运出施工场地;在施工过程中,应随机对用于排水设施施工的材料或商品构件进行复核性的抽样试验检查;对用于排水设施施工的当地材料,应检查其是否为建设方指定的料场,是否满足设计和规范要求,不合格的产品不能用于排水设施的施工;每道工序结束后及时进行检查和认定,确定是否可以转入下道工序施工。

4)质量缺陷与事故的处理

(1)质量缺陷的现场处理。在各项排水工程的施工过程中或完工以后,现场监理人员如发现工程项目存在技术规范所不容许的质量缺陷,应根据质量缺陷的性质和严重程度,按如下方式处理:

①当施工处在萌芽状态时,应及时制止,并要求施工单位立即更换不合格的材料、设备或不称职的施工人员,或立即改变不正确的施工方法和操作工艺。

②当因施工而引起的质量缺陷已出现时,应立即向施工单位发出停止施工的指令(先口头后书面),待施工单位采取足以保证施工质量的有效措施,并对质量缺陷进行了正确的补救处理后,再书面通知恢复施工。

③当质量缺陷发生在某道工序完工以后,而且质量存在将对下道工序或工程产生质量影响时,监理工程师应对质量缺陷产生的原因及责任作出判定,并确定补救方案后,再进行质量缺陷的处理或下道工序或分项工程的施工。

④在交工使用以后的缺陷责任期间,如发现施工质量存在缺陷时,监理工程师应及时指令

施工单位进行修补、加固或返工处理。

(2)质量缺陷的修补与加固。对因施工原因而产生的质量缺陷的修补与加固,应先由施工单位提出修补方案及方法,经监理工程师批准后方可进行;对因设计原因产生的质量缺陷,应通过业主提出处理方案及方法,由施工单位进行修补。修补措施及方法不降低质量控制指标和验收标推,并应是技术规范允许的或是行业公认的良好工程技术。如果已完工程的缺陷并不构成对工程安全的危害,并能满足设计和使用要求时,经征得业主的同意,可不进行加固或变更处理。

(3)质量事故的处理。当某项排水设施在施工期间(包括缺陷责任期间)出现了技术规范所不允许的断层、裂缝、倾斜、倒塌、沉降、强度不足等情况时,应视为质量事故。可按如下程序处理:

监理工程师应立即指令施工单位暂停该项工程的施工,并采取有效的安全措施。监理工程师应要求施工单位尽快提出质量事故处理报告,并报告业主。质量事故报告应详细反映该项工程的名称、部位、事故原因、应急措施、处理方案等。监理工程师应组织施工单位对质量事故现场进行审查、分析、诊断、测试或验算,在此基础上,对施工单位提出的处理方法予以审查、修正、批准,并指令恢复该项工程的施工。监理工程师应对施工单位提出的有争议的质量事故予以判定。判定时应全面审查有关施工记录、设计资料及水文地质现状,必要时还应实际检验测试。在分清技术责任时,应明确事故处理的费用数额、承担比例及支付方式。

学习情境 1

道路地面排水工程施工

情境导入

公路路基和路面结构的变形和破坏,很大程度上是由于水的存在造成的。水是导致道路失效的主要原因之一。好的道路排水能够延长道路的使用寿命。要维持公路足够的支撑能力,延长公路的使用寿命,就必须有一个好的排水系统。拥有良好排水系统的现代公路的设计寿命要比没有排水系统的公路高出 2~3 倍。因此,必须十分重视路基的排水设计。那么路基排水设施都有哪些呢？其构造与布置又如何呢？带着这些疑问,开始我们学习的进程吧!

学习目标

【知识目标】 完成本学习情境的学习,使学生能够熟练掌握道路地面排水工程的类型、结构、设计原理和工程量计算方法;掌握道路地面排水工程常用材料的品种、技术要求和试验检测方法;掌握道路地面排水工程施工的工艺流程,熟悉道路地面排水工程施工准备工作,掌握施工组织的流程和具体内容;掌握施工放样的方法;掌握施工管理的程序和内业资料填写的要求;熟悉道路地面排水工程质量检测的原理;掌握质量评定的方法。

【能力目标】 学生能够根据施工图的内容,确定各部分结构尺寸,计算出工程量;能够独立完成道路地面排水工程所用原材料的试验工作;能够合理地进行施工准备;掌握不同施工方法的工艺流程,并完成施工方案的设计;能够运用经纬仪、全站仪和水准仪等测量仪器进行放样工作;合理地组织施工,完成相关的内业资料填写;并能够独立地完成道路地面排水工程的质量检测和评价,填写质量检验评定资料。

边沟工程施工

项 目 引 导

水是造成路基及其沿线构造物病害的主要原因,路基变形和破坏的主要原因是受水的影响,因此,必须十分重视路基的排水设计。危害路基的水可分为地面水和地下水两大类。地面水包括大气降水(雨或雪)后在地表形成的径流、低洼积水和路基上侧流向路基的地表水。这些雨、雪和江河湖水会对路基产生冲刷和渗透。冲刷可能导致路基整体稳定性受损害,形成水毁现象;渗入路基土体的水分,使土体过湿而降低路基强度。

地下水是指地表以下岩石或土层的孔隙、裂隙中的水,包括上层滞水、潜水、层间水等。这些泉水、毛细水和间隙水等会对路基的危害程度因埋藏情况、流量大小而异,轻者能使路基湿软,降低强度及其承载力,重者会引起路基冻胀、翻浆或边坡滑坍,甚至整个路基沿倾斜基底滑动。

考虑排水的原则首先要查清水源,结合农田水利进行全面规划,排除隐患。水沟宜短不宜长,及时疏散,就近分流。要充分利用地形,不宜挖深沟,以减少水土流失。设计要注意因地制宜、就地取材,结构应经济实用,并作出优化选择。

路基排水的目的是减小路基的湿度,保证路基常年处于干燥或中湿状态,确保路基路面的结构稳定。路基排水系统指为保证路基稳定而采取的汇集、排除地表或地下水的措施,以确保路基始终处于干燥、坚实和稳定状态。其任务就是将路基范围内的土基湿度降低到一定的范围。路基排水工作应贯穿设计、施工及养护的全过程。

任务1　识读边沟工程施工图

路基地面排水结构物(统称沟渠)常见的类型有边沟、截水沟、排水沟、跌水、急流槽、拦水带、蒸发池、渡槽、倒虹吸等。高速公路、一级公路应有自身的地表排水设施。各种沟渠分别设置在路基的不同部位,各自的主要功能、布置要求或构造形式,均有所差异。

一、边沟

边沟一般设置在路堑、矮路堤、零填零挖路基及陡坡路堤边缘外侧或坡脚外侧,主要用来汇集和排除路基范围之内和流向路基的少量地面水。边沟深浅和横断面大小,随地面降水量大小而定。边沟的排水量不大,一般不需要进行水力水文计算,依沿线具体条件,选用标准横断面形式。

1. 边沟的横断面形式

按照岩土的性质和施工方式的不同,边沟横断面可筑成三角形、矩形、梯形和流线形,如图 1-1 所示。

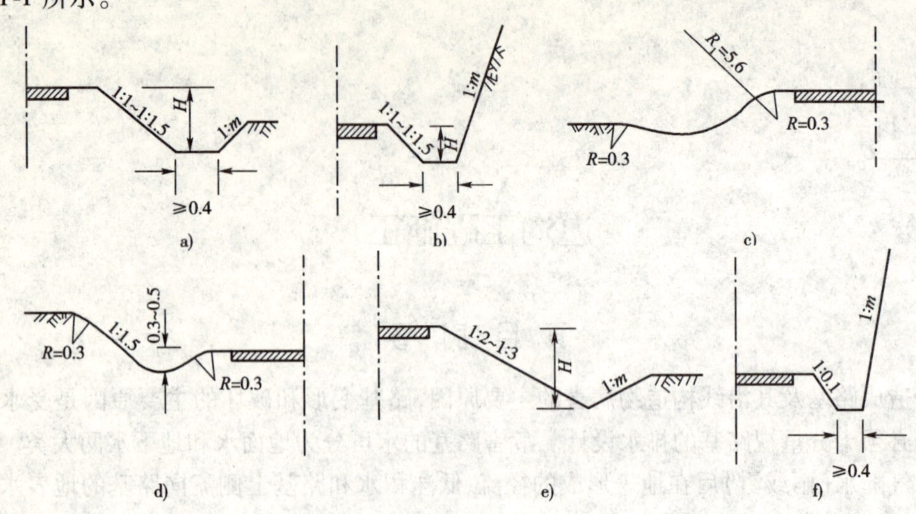

图 1-1　边沟的横断面形式示意图(尺寸单位:m)

a)、b)梯形;c)、d)流线形;e)三角形;f)矩形

一般情况下,土质边沟宜采用梯形;石质边沟宜采用矩形;矮路堤或机械化施工时可采用三角形。流线形边沟是将路基边缘的边角整修圆滑,防止路基旁侧积砂或积雪,并可改善道路的景致,增进美观、舒顺。因此,流线形断面的设计在国外公路较为普遍。

2. 边沟断面尺寸

边沟的深度一般取 0.4 ~ 0.8m,边沟的底宽不应小于 0.4m。高速公路、一级公路边沟的底宽、深度不应小于 0.6m,其他等级公路边沟深度和底宽一般不小于 0.4m。在水流较多的情况下,需根据流量大小适当加宽或加深边沟的断面尺寸。干旱地区的深度可小到 0.2m。

通常土质边沟多采用梯形,梯形边沟的内侧(靠路基一侧)边坡一般为 1∶1 ~ 1∶1.5;另一侧与路堑边坡相同;有碎落台时,外侧也可采用 1∶1;机械化施工时,土质边沟多采用三角形,三角形边沟的边坡内侧一般为 1∶2 ~ 1∶4,外侧为 1∶1 ~ 1∶2;石方地段边沟多采用矩形,矩形边沟的内侧边坡视其强度可用直立,亦可稍有倾斜(1∶0.5)。浆砌边沟内侧边坡可直立。各种沟渠外侧边坡可参照挖方路基与挖方边坡一致。

3. 边沟的纵坡与长度

边沟应该有一定的纵坡,一般应与路线纵坡一致,通常情况下以 1% ~ 2% 为宜,并不宜小于 0.5%,以防淤积,在特殊情况下容许减至 0.3%。当沟底纵坡大于 3% 时,应对边坡进行加固;当纵坡超过 6% 时,水流速度大而冲刷严重,可采用跌水或急流槽的形式缓冲水流。另外,在设置超高的平曲线区段内,挖方地段路基内侧高程的改变,可能形成边沟积水,危害路基,因此,应注意使平曲线段边沟沟底与曲线前后沟底平顺衔接。路线纵断面设计时,各级公路的长路堑路段,以及其他横向排水不畅的路段,均应采用不小于 0.3% 的纵坡,从而兼顾边沟设置的需要。

一般情况下,边沟不宜与其他沟渠合并使用。为防止边沟中水流漫溢或冲刷,边沟的单向排水长度一般不宜超过 300 ~ 500m(特殊情况 200m)。若超过此值,则增设排水沟或涵洞,将水引出路基范围以外。

4. 边沟出水口处理

在由路堑过渡到路堤,边沟沟底到填土坡脚高差过大处、山坡路基在大坡下的回头曲线处、边沟水引向桥涵进口处等,水流均有冲刷路基边坡、使桥涵进口淤塞、冲毁构造物的危险,必须采取妥善措施予以解决。目前,常用排水沟、跌水或急流槽将边沟所汇集的水引至低洼地、天然河流处。在回头曲线处,应顺着原来边沟方向沿山坡开挖排水沟,将水引出路基范围以外。

在路堑与路堤结合处,边沟沟底纵坡一般较陡。当边沟底与填土坡脚高差较大时,应结合地形与地质等具体条件采取以下两方面措施:

(1)设置排水沟,将路堑边沟水沿出口处的山坡引向路基范围以外,使之不致冲刷填方边坡。

(2)自边沟与填方毗连处设跌水或急流槽,将水流直接引到填方坡脚之外,如图1-2所示。

图1-2是路堑与高路堤衔接处的边沟排水示意图。在设置超高的平曲线上,挖方地段路基内侧高程的改变,可能形成边沟积水,危害路基路面。因此,应注意使平曲线段的边沟纵坡与直线段纵坡平顺衔接,以保证水流畅通。在路基外侧,边沟应适当加深,其增加值等于各断面的超高值。若在平曲线内调整边沟确有困难,可在平曲线前适当位置增设涵洞,减少曲线段边沟的流量。

当边沟的出口与桥涵的高差较大时,为避免边沟流水冲刷,应作如下处理:

(1)在涵洞进水口处设置雨水井,如图1-3所示,或根据地形需要,在进水口前设置急流槽与跌水等构造物,将水流引入涵洞。

(2)在桥头翼墙或挡土墙的后端,设置急流槽或跌水,将水引入河道。

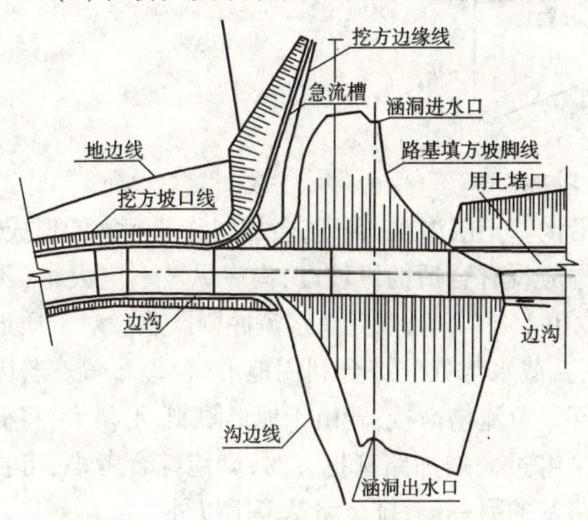

图1-2 路堑与高路堤衔接处边沟排水

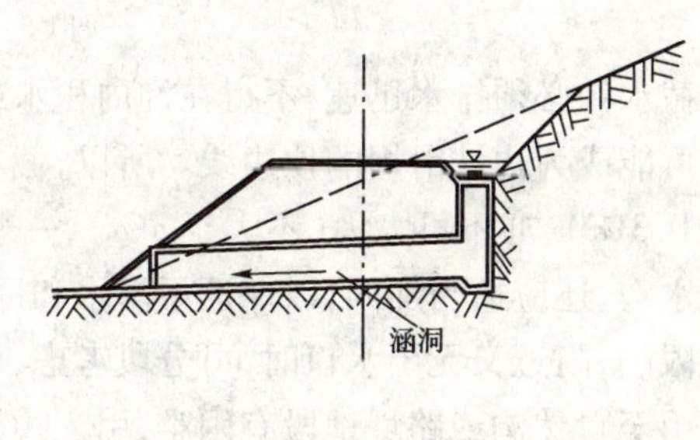

图1-3 边沟水流流入涵洞前的雨水井(单级跌水)

二、截水沟

截水沟又称天沟,一般设置在路堑坡顶或斜坡路堤以外适当的自然坡面上,以拦截山坡上方流向路基的地表水(自然坡面的径流),使其不致沿着边坡流入路基之内,保护挖方边坡和填方坡脚不受流水冲刷,以减轻边沟的排水负担。降雨量较大、暴雨频繁,植被较差的山区路段,必要时可设置两道或多道截水沟。截水沟的位置,应尽量与绝大多数地面水流方向垂直,以提高截水效能和缩短沟的长度,如图1-4所示。

图1-5为路基边坡上方设置的截水沟示意图。截水沟的断面形状,一般多为梯形,底宽、深度一般不宜小于0.5m,必要时按设计流量确定。其边坡坡度视土质而定,常采用1:1~

1∶1.5。为保证迅速排除地面水，沟底纵坡不应小于0.5%。

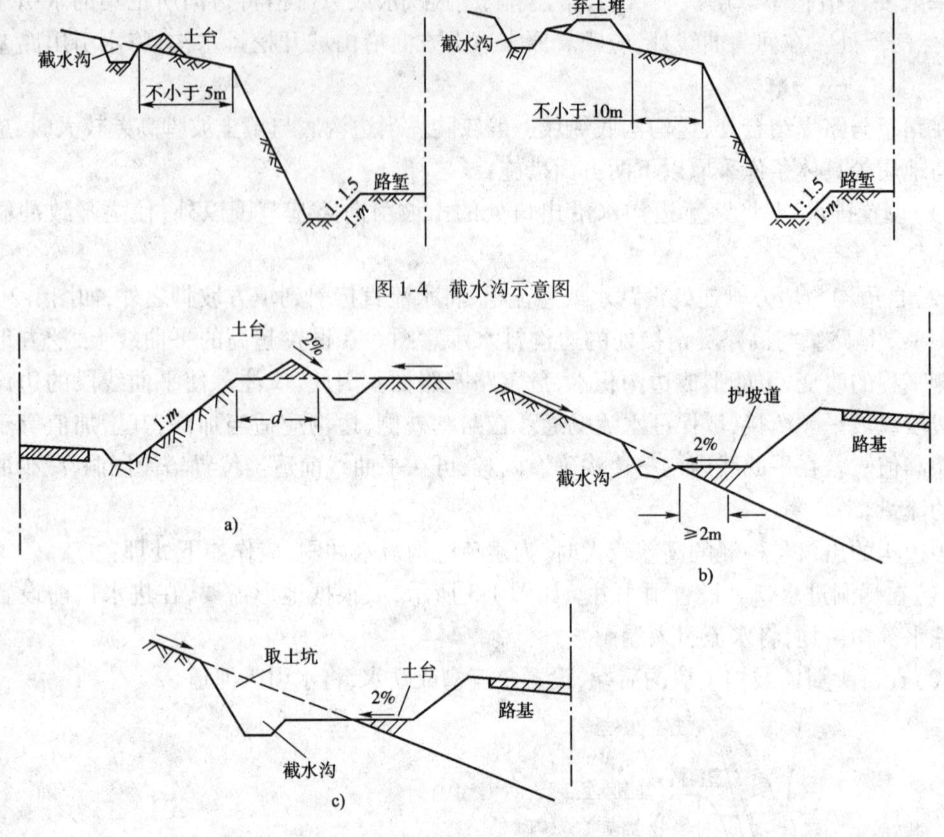

图1-4　截水沟示意图

图1-5　截水沟断面图

截水沟必须排水迅速，不得在沟内积水或沿沟壁土层渗水，否则，会加剧路基病害的形成，而有可能成为边坡滑坍的顶边线。所以，截水沟应设有合适的纵坡度，沟底纵坡不应太小（不小于0.3%），亦不可太大（不大于3%），一般取用1%～2%，以免总水流冲刷严重。对土质地段截水沟，还应适当加固，以保证不渗水和冲刷。截水沟处应综合利用地形，合理布置。若因地形限制，附近又无出水口时，可分段考虑，中部以急流槽衔接；若由于地形限制，汇量大，将截水沟引至自然沟或路堤地段有困难，引入边沟又将过大增加路基挖方时，则应综合考虑，可在挖方较低处增设急流槽或涵洞，直接将水引至路基的另一侧，排至路基范围以外。

截水沟离路堑坡顶的距离 d，视土质不同而异，以不影响路堑边坡稳定为原则，一般土质 $d \geqslant 5$m；黄土地区 $d \geqslant 10$m；软弱层地段 $d \geqslant H_q + 5$m，但不应小于10m，其中，H_q 为挖方边坡高度。山坡填方路段若需要设截水沟，应保证截水沟与坡脚之间有2m的间距。截水沟挖出的土，可在路堑与截水沟之间修成土台，台顶应筑成2%倾向截水沟的横坡，土台坡脚离路基坡顶应有大于1m的距离。截水沟在转弯处应以曲线连接，使水流畅通。

截水沟也应设有可靠的出水口，与其他排水设施平顺衔接，截水沟的出水口，可用排水沟或跌水、急流槽相连接，将水引至山坡一侧的自然沟中或桥涵进水口处。为防止水流下渗，在土质松软、透水性较大或裂隙较多的岩石路段，应对沟渠加固。沟底纵坡较大的土质截水沟，为防止冲刷，沟底亦应加固，必要时设跌水或急流槽，将水流排入截水沟所在山坡一侧的自然沟中，或直接引到桥涵进水口处，应避免排入边坡，或者在山坡上任其自流，造成冲刷。

三、排水沟

排水沟是一种人工沟渠,用来汇集路基边沟和截水沟中的流水,并引至桥涵或路基范围以外的天然河沟或低洼地。也可用排水沟连通取土坑或路基附近低洼处的积水,引至桥涵等处水道中排泄。设置排水沟的目的,在于用来将水流从路基排至路基范围以外的低洼处或排水设施中。在平丘区,当原有地面沟渠蜿蜒曲折,并且影响路基稳定时,可用排水沟来改善沟渠线路。有时为了减少涵洞数量,也使用排水沟来合并沟渠。

排水沟的横断面大小,视汇集和排泄的水量经水文计算而定,通常都大于边沟横断面。排水沟的横断面形式,应随地质情况选定,土质地段多为梯形,底宽、沟深均不宜小于0.5m。土沟的边坡坡度为1:1~1:1.5。石质地段多为矩形。

排水沟的位置灵活性很大,可根据需要并结合当地地形条件而定,离路基尽可能远些,距路基坡脚不宜小于3~4m。排水沟线形要求平顺、直捷,需要转弯时转弯处做成弧形,其半径尽量采用较大值,一般以10~20m为宜。沟的连续长度一般不宜超过500m。沟底纵坡应不小于0.5%,以1%~3%为宜;纵坡大于3%时,需要加固;大于7%时,则应改为跌水或急流槽。一般情况下,排水沟底是等宽的。沟底宽度不同时,要求徐缓相接,如图1-6所示。沟底渐变宽的长度按下式计算:

$$\frac{b_2 - b_1}{l} = \frac{1}{5} \sim \frac{1}{10}$$

排水沟与其他沟渠相接时,力求水流舒顺,因地形限制成直角相交时,可按图1-7所示的形式处置。当排水沟中的水流流入河道或沟渠时,应使原水道不产生冲刷或淤积。一般应使排水沟与原水道两者水流方向的流向成锐角相交,并力求小于45°,保证汇流处水流顺畅。如限于地形,转角为锐角有困难时,可采用半径 $R=10b$ 的圆弧线形(弧长等于1/4圆周,b 为排水沟顶宽),如图1-7所示。

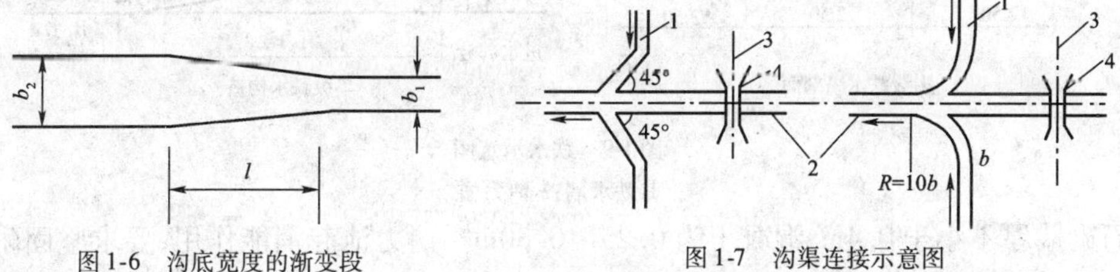

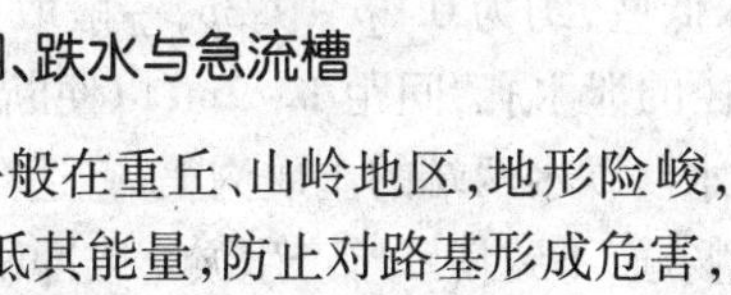

图1-6　沟底宽度的渐变段

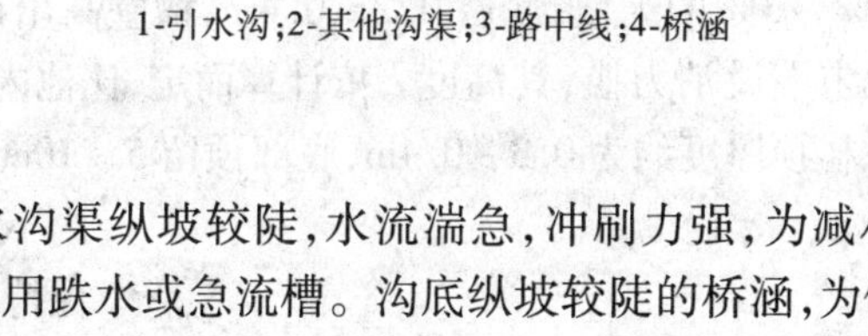

图1-7　沟渠连接示意图

1-引水沟;2-其他沟渠;3-路中线;4-桥涵

四、跌水与急流槽

一般在重丘、山岭地区,地形险峻,排水沟渠纵坡较陡,水流湍急,冲刷力强,为减小其流速,降低其能量,防止对路基形成危害,多采用跌水或急流槽。沟底纵坡较陡的桥涵,为使水流稳定而顺利地通过,也可将其涵底及涵洞进出水口做成跌水或急流槽。此外,若必须沿高边坡将水流排至坡脚,可将截水沟接向边沟,为避免边坡受到冲刷,以及需要减速消能的排水设施时,均可采用跌水或急流槽。

跌水与急流槽两者均为人工排水沟渠的特殊形式,用于陡坡地段。在陡坡或深沟地段设置的沟底为阶梯,水流呈瀑布跌落式通过的沟槽称为跌水。其作用是在较短的距离内,降低水流流速,消减水流能量。在陡坡或深沟地段设置的坡度较陡,水流不离开槽底的沟槽称为急流槽。急流槽是具有很陡坡度的水槽,其作用是将上下游水位差较大的水流引至桥涵进口或路基下方，在很短的距离内，水面落差很大的情况下进行排水。跌水、急流槽纵坡大，水流湍急，冲刷作用严重，因此，两者一般均需用浆砌石块或水泥混凝土砌筑，且基础应埋设牢固。跌水、急流槽的形式、断面尺寸和位置的确定，必须保证宣泄全部水流。根据水力计算，确定加固形式，并在适当地点与桥涵进口连接。两者既可单独采用，也可以与其他排水构造物联合采用，形成完整的排水系统。

1. 跌水的一般构造与布置

按照水力计算特点，跌水的构造可分为进水口、消力池和出水口三个组成部分，如图 1-8 所示。

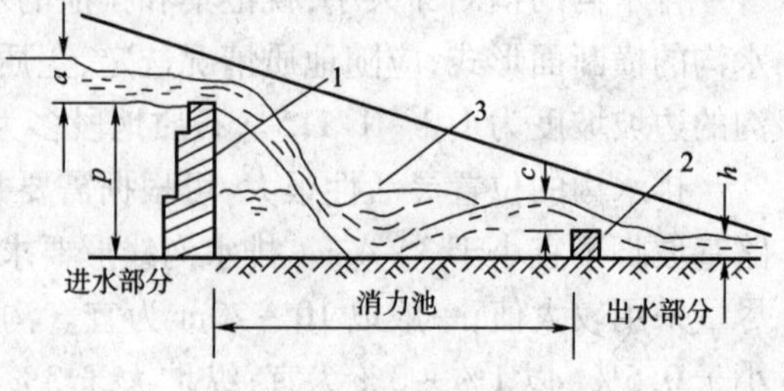

图 1-8 跌水示意图

1-护墙；2-消力槛；3-墙身；p-护墙高；c-消力槛高；a-上游水深；h-下游水深

跌水有单级和多级之分，如图 1-9 所示。单级跌水适用于连接沟渠的水位落差较大、需要消能或改善水流方向。图 1-10 所示为路基边沟水流入涵洞前设单级跌水的窨井。当陡坡较长时，为减缓水流速度，并予以消能，可采用多级跌水，如图 1-11 所示。各个组成部分的尺寸，由水力计算而定。一般情况下，如果地质条件良好，地下水位较低，设计流量小于 1.0 ~ 2.0m^3/s，跌水台阶（护墙）高度 p 最大不超过 2.0m。常用简易多级跌水，p 值约为 0.3 ~ 0.6m。护墙要求石砌或混凝土浇筑。墙基埋置深度约为水深 a 的 1.0 ~ 1.2 倍，并不得小于 1.0m，且埋入冰冻线以下；石砌墙厚不小于 0.4m，混凝土为 0.25 ~ 0.30m。消力池起消能作用，要求坚固耐用，槽底有 2% ~ 3% 的纵坡，底厚 0.2 ~ 0.4m，槽壁高出计算水深的 0.2m 以上，壁厚与护墙相类似；消力池末端设消力槛，其高度 c 依计算而定，比池内水深低些，约为 0.2p ~ 0.3p，一般取 0.15 ~ 0.20m；槛顶厚度约为 0.3 ~ 0.4m，底部预留 5 ~ 10cm 孔径的泄水孔，间距 1 ~ 2m，以便断流时池内不致积水。跌水两端的土质沟渠，宜适当加固，保持水流畅通，不致使跌水产生淤塞或冲刷。

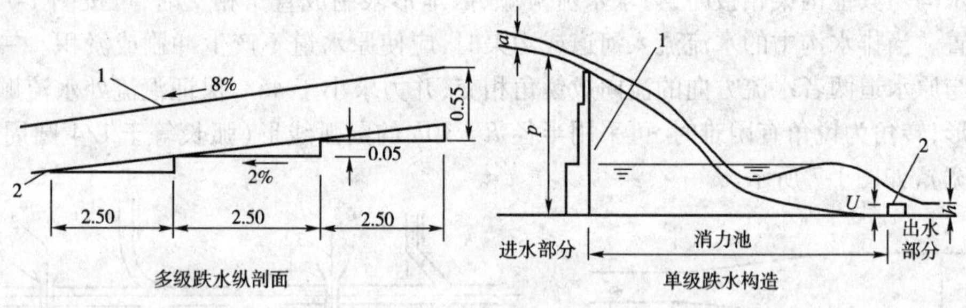

图 1-9 跌水示意图

1-跌水墙；2-消力槛

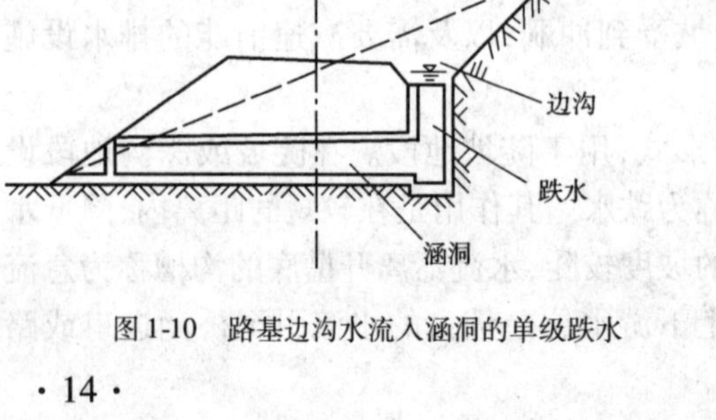

2. 急流槽的一般构造与布置

急流槽是具有很陡坡度的水槽，其作用主要是在很短的距离内、水面落差很大的情况下进行排水。通常情况下，坡度较大的急流槽设置为各段坡度不同的阶梯状，并在每一个阶梯内设置消力墙（即跌水），以达到降低流速和消减水的能量的作用，防止对边坡、边沟及道路的冲刷。

边沟

跌水

涵洞

图 1-10 路基边沟水流入涵洞的单级跌水

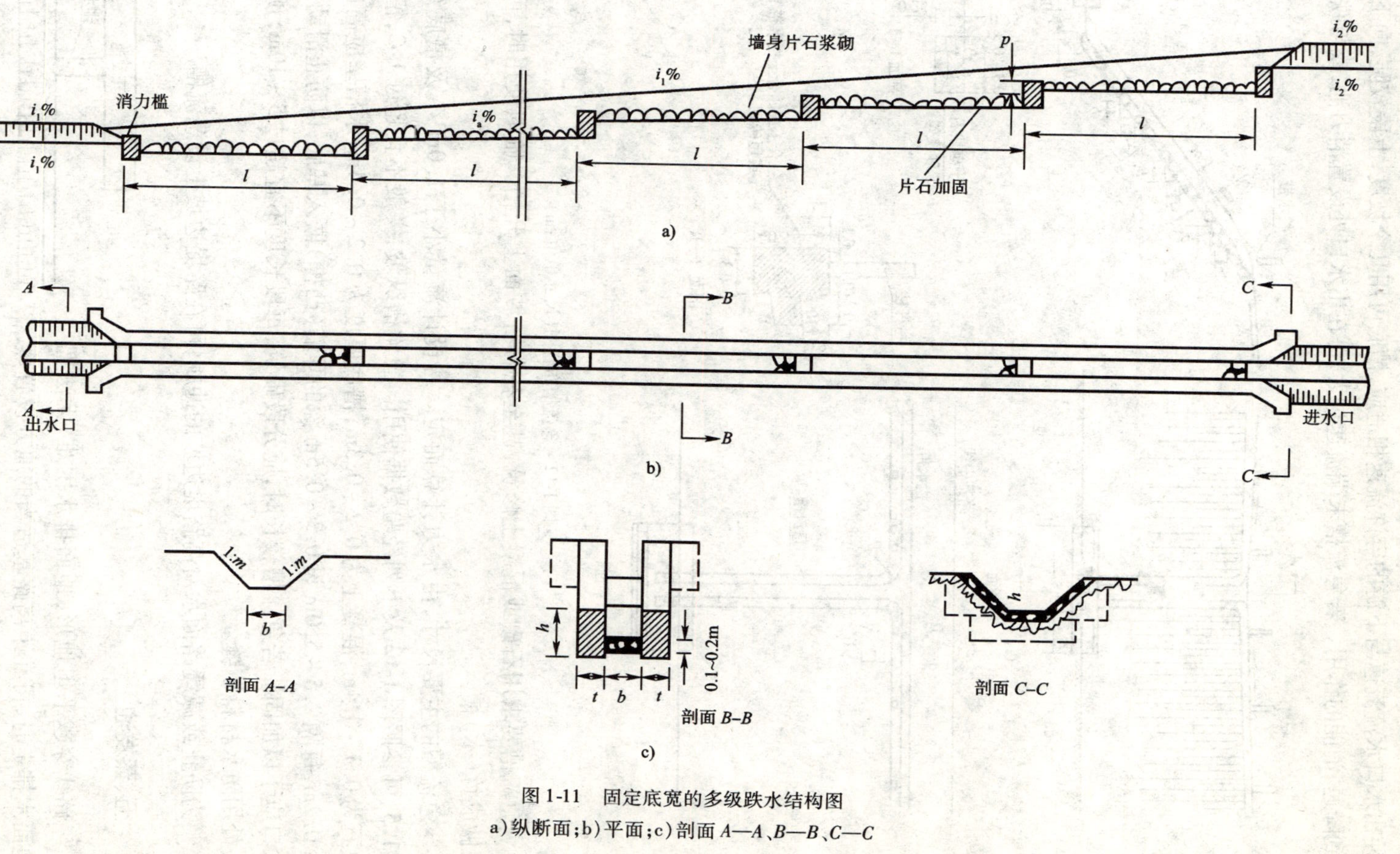

图 1-11　固定底宽的多级跌水结构图

a) 纵断面；b) 平面；c) 剖面 A—A、B—B、C—C

急流槽的纵坡，比跌水的平均纵坡更陡，故要求其结构坚固、稳定、耐用。急流槽的结构可分为进水口、槽身和出水口三部分，进出口与槽身连接处因断面不同需设过渡段，如图 1-12 所示。为使出水口水流流速与下游的容许流速相适应，槽底可用几个坡度，上段较陡，向下逐渐放缓，以达到降速、消能的作用。若急流槽末端流速过大，可在出水口处设置消力池，或与跌水联合使用。

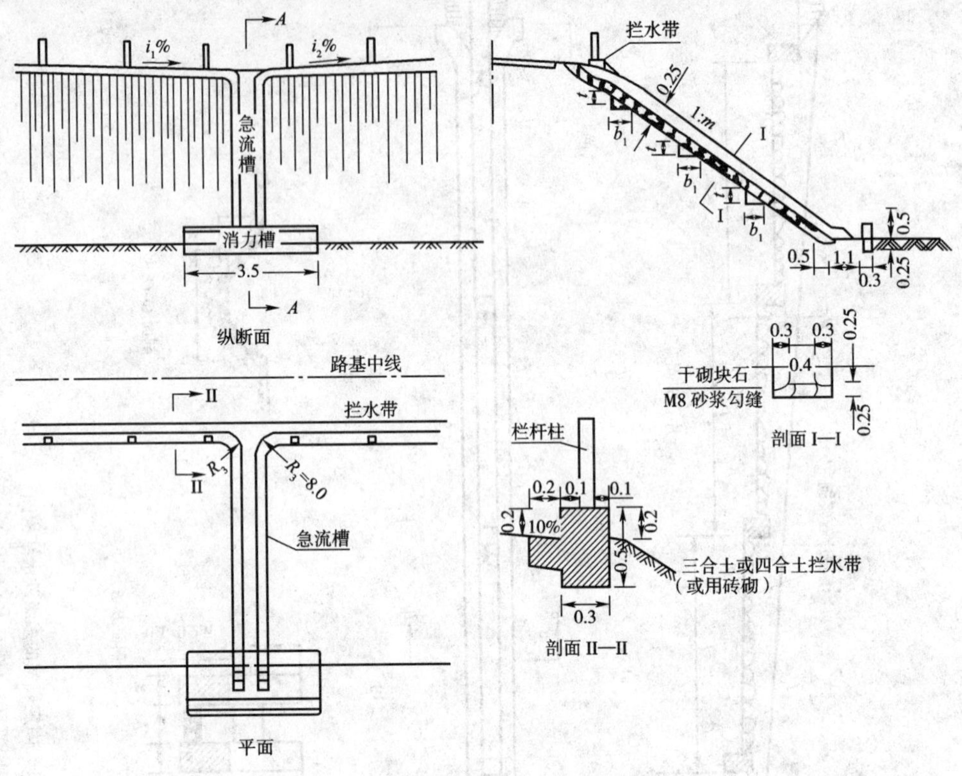

图 1-12　急流槽布置图（尺寸单位：m）

急流槽要求用石砌或混凝土修筑，甚至在岩石坡面上开槽。临时使用时，可用竹（木）结构做成竹（木）槽。

急流槽的主要尺寸，由水力计算而定。若设计流量小于 1.0m³/s 及槽底纵坡为 1∶1～1∶1.5，可参照图 1-12 及下列经验数据使用。急流槽纵坡，一般不宜超过 1∶2；槽壁厚度：浆砌块石为 0.3～0.4m，混凝土为 0.2～0.3m；槽底厚度为 0.2～0.4m；水槽壁应高出计算水位至少 0.2m，每隔 2.5～5.0m 设 0.3～0.5m 深的耳墙（凸榫）嵌入基底，以防止滑动。进水口与出水口应予以加固。若急流槽较长时，应分段砌筑，每段长度不宜超过 5～10m，预留伸缩缝，接头处用防水材料填缝。

为防止或减缓路面水对高路堤边坡的冲刷，可在路堤边坡上设急流槽。

五、蒸发池

路线穿越平坦地形，地面排水困难，无法把地面水排走时，可在距离路基适当的地方设置蒸发池，引水入池，依靠自然蒸发或下渗将水排除，如图 1-13 所示。池的容积按汇水流量决定，深可达 1.5～2.0m。

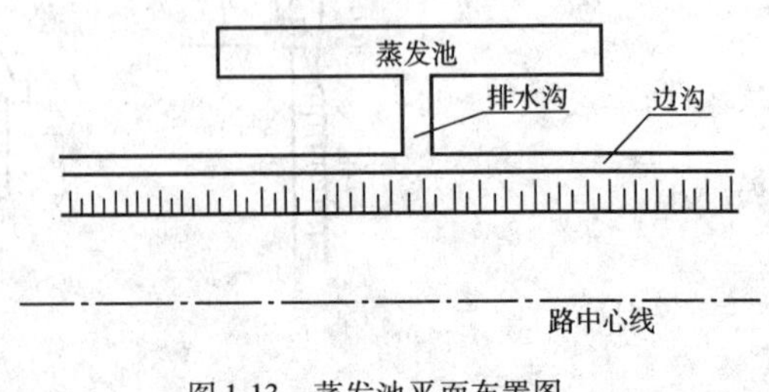

图 1-13　蒸发池平面布置图

任务2　地面排水沟渠的加固处理

为了防止水流对排水沟渠的冲刷与渗漏，美化路容，提高公路使用品质，应采用各种措施对沟底和沟壁予以加固。沟渠加固类型与土壤类型、当地材料、公路等级、水流速度和沟底纵坡有关，其中沟底纵坡是选择加固类型的重要依据。公路工程中沟渠加固的类型及适用条件见表1-1。

表1-1中三合土一般指石灰∶黏土∶碎（砾）石＝1∶3.3∶2.3（体积比）。缺乏黏土地区可用炉渣代替。在三合土中掺入适量的水泥，则为四合土。为提高抗渗能力，在干砌片石表面采用水泥砂浆勾缝或抹面。常见的各种沟渠加固断面图如图1-14所示。

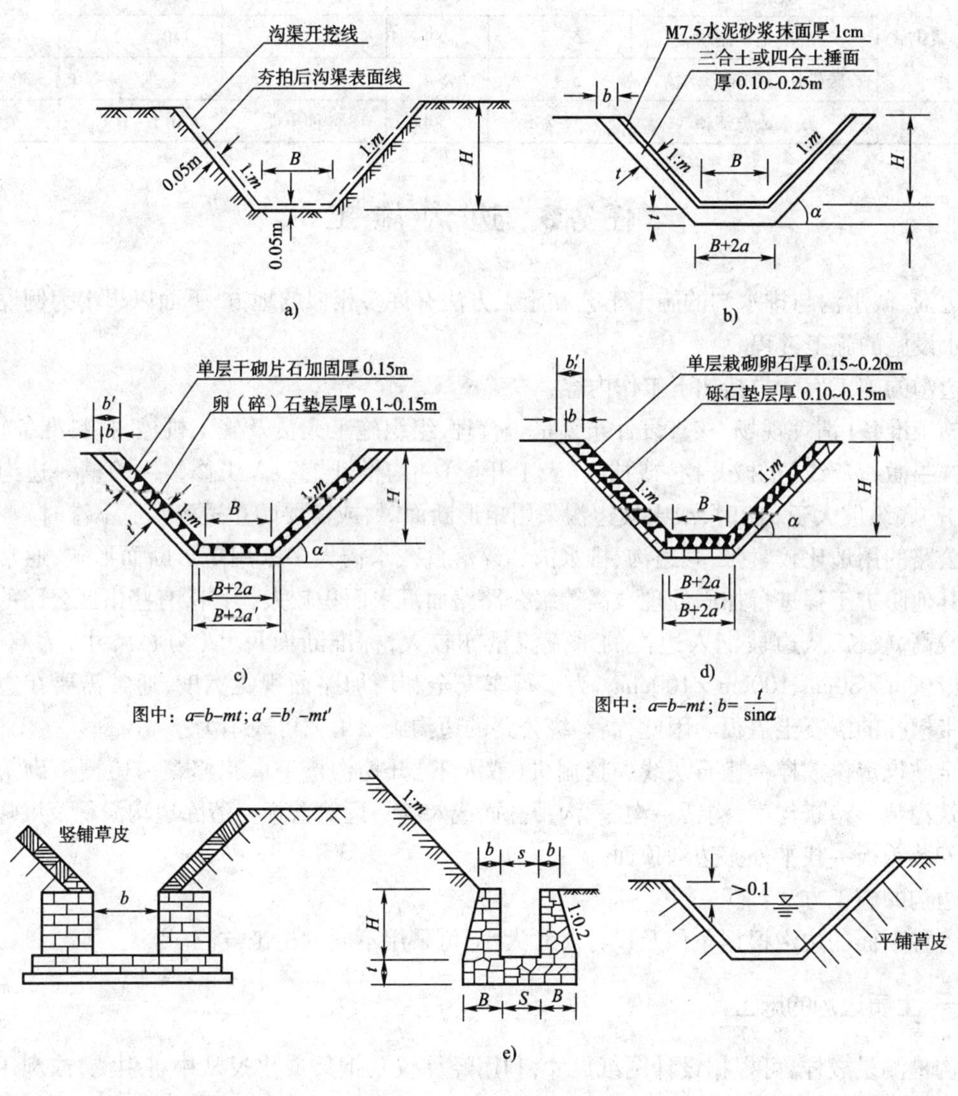

图1-14　沟渠加固断面图

沟渠加固类型 表1-1

序号	形式	加固类型	使用条件			一般边坡坡度	铺砌厚度(cm)
			沟底最大纵坡(%)	容许流速(m/s)	周壁土质密实程度		
1	简易式	土沟表面夯实	1.5	0.8	胶结	1:0.5~1:1	
2	干砌式	铺草皮	1.5	0.8	密实	1:1~1:1.5	
3	干砌式	三合土或四合土抹面	3	1.0~2.5	中密	1:1~1:1.5	10~25
4	干砌式	单层干砌片式	3~5	2	密实,无渗漏	1:1	15~25
5	干砌式	单层栽砌卵石	3~5	2~2.5	密实,无渗漏	1:1~1:1.5	15~20
6	干砌式	干砌片石水泥砂浆勾缝	3~5	2~2.5	密实,有渗漏	1:1~1:1.5	15~25
7	干砌式	干砌片石水泥砂浆抹面	3~5	2~2.5	密实,有渗漏	1:1~1:1.5	20~25
8	浆砌式	浆砌片石	5~7	>4	各种土质	1:0.5~1:1	25~30
9	浆砌式	混凝土预制块	5~7	>4	各种土质	1:0.5~1:1	6~10
10	浆砌式	砖或片石砌矩形水槽	5~7	>4	密实	垂直	30~50
11	浆砌式	跌水或急流槽	>7	>4	各种土质	1:0.1~1:1.5	变化

任务3 边沟施工

边沟、截水沟与排水沟的施工工艺和施工方法有许多相似的地方,下面以边沟为例说明地面排水设施的施工过程。

边沟的施工大体包括如下工作内容:

施工准备(清理现场,核查设计布置是否合理,组织施工人员及施工机械,材料准备)→测量放样→撒石灰线(机械开挖)或挂线(人工开挖)→沟槽开挖→人工修整→验槽→边沟加固(边沟沟底纵坡大于3%时,或土质边沟采用矩形断面时,或需要防止边沟水流下渗时)。

公路的用地比较紧张,其边沟、排水沟和碎落台截水沟大多采用矩形断面形式,通常需要结合其他防护工程进行加固处理。高等级公路路面汇水面积较大,另外,有些山区公路的挖方边坡较高、较长,从边坡汇入边沟的水流流量亦较大,标准断面尺寸(沟心尺寸)为60cm×60cm、80cm×80cm、100cm×100cm。为了行车安全和增加路面视觉宽度,通常需要在边沟顶面加带槽孔的混凝土盖板。因此,高等级公路的边沟施工工艺可表示为:

全站仪定位放样→撒石灰线→挖掘机(或人工)开挖沟槽→人工修整→验槽→砌筑沟底→砌筑沟帮→检查沟底、沟帮→沟底、沟帮抹面或勾缝→运输盖板→清除边沟淤积及沉降缝封缝→安装盖板→找平外露边沟顶面。

边沟的施工方法:

各种断面的边沟根据条件及设计尺寸大小,可采用不同的施工方法。

一、土质边沟的施工

沟槽测量放样,可根据设计图纸尺寸,利用经纬仪及钢尺或皮尺从中桩引测,或利用全站仪从测量控制点引测,放样点间距直线段一般为10m一点,曲线段根据转弯半径大小为2~5m一点。

放样时，应核查边沟设计位置是否合理，是否与公路设施及建筑物位置发生冲突；降坡是否过大或过小，过大是否需要采取加固措施，过小是否会产生积水或漫流现象；与其他防排水措施交接处是否会发生错位或冲刷，是否需要进行防冲加固；出水口水流是否顺畅，是否会发生冲刷危害，是否应采取消能或提高抗冲刷的加固措施；边沟转弯半径是否符合有关要求，是否应在外侧加高和加固。设计存在不合理的地方或存在需要完善的地方，需及时向有关单位汇报，并对设计进行修改和完善。

放样之后，应进行现场清理，清除杂草、灌木、有机质土及覆土等杂物，平整场地及进行施工临时排水。

低等级道路或降水量较少的地区，边沟设计尺寸亦较少，通常采用人工开挖沟槽。反之，高等级道路，或降水量较大的地区，边沟设计尺寸亦较大。为了保证施工质量和工期，大多采用人工配合挖掘机开挖。在纵向，一般应从下游向上游开挖。

如果采用人工开挖，测量放样后，挂线施工。施工时一般采用分段开挖的方法，每一段可以分层开挖，从上至下，逐渐成形。也可以全断面开挖，先开辟一个工作面，修整成设计断面，然后往前推进，每一个断面都一次成形。

如果采用机械开挖，应该先放样，然后撒石灰线，挖土机开始工作。开挖过程中，最好欠挖，人工修整到位，不能超挖。如果出现超挖，超挖部分用浆砌片石或其他加固材料找补。

开挖时尽量不扰动原状土，当采用机械开挖，可适当欠挖，边挖边测量控制，沟底高程用水准仪实测控制，最后用人工修整。修整时以一定长度（一般为10m，曲线段按半径大小为2～5m）按设计尺寸定一标准断面，在两标准断面间拉线，按线修整，也可用断面样板（由轻质木板钉成）或皮尺、钢尺逐段检查，反复修整，直到符合设计要求为止。雨季施工时基坑开挖必须采取防止坑外雨水流入基坑的措施，坑内雨水应及时排出。

1. 路堑边沟实地放样技术

1）用钢尺（或皮尺）拉距法标定边沟中心点位

（1）在直线段：

由于边沟中心至中桩距离在每一横断面都相等（例如表1-2中边沟中心至中桩距离都是13.50m），所以一般情况下，只要放出边沟起点和终点，然后在其间拉一条直线，每间隔一等距（一般为25m），加一桩位。如果边沟较长，可每百米放一桩，然后拉线加桩。

放样方法：用钢尺（皮尺）自边沟起点（终点）的中桩，沿中桩—边桩方向线拉紧尺，按设计的沟中心至中桩距离定点打桩固定。

（2）在曲线段：

如线路是曲线，此段边沟应与主线路曲线弯向一致。此段边沟放样，仍可用钢尺拉距法标定沟中心点位，只是由于是曲线，应在每个中桩拉距定桩，且在施工铺砌时，注意交点处应圆滑顺适。

上述边沟中心点放样，若条件可能，亦可用全站仪坐标法放出。

2）用水准前视法标定边沟中心点设计高程

（1）用水准前视法测量边沟中心点实地高程 H_i，例如K 11 +975 实地高程 $H = 125.46\text{m}$。

（2）根据边沟中心点设计高程及该点的实地高程计算该点应挖填的高度，计算公式如下：

$$\pm h = H_{设} - H_i$$

计算结果为正，应填；为负，应挖。例如K 11 +975 设计高程 $H_{设} = 125.33\text{m}$，则 $h = 125.33 - 125.46 = -0.13(\text{m})$，所以应挖。

边沟(排水沟)设计表

表 1-2

序号	起讫点右中心桩号	主要尺寸及说明	长度(m)	起点				终点				沟底纵坡		备注
				地面高程(m)	设计高程(m)	沟底设计高程(m)	沟中心至中桩距离(m)	地面高程(m)	设计高程(m)	沟底设计高程(m)	沟中心至中桩距离(m)	坡度(%)	方向	
1	K11 +905.5 ~ K11 +985.0	梯形排水沟 60cm×80cm(左)	79.50	120.93	125.93	120.63	22.50	126.39	126.39	125.59	13.50	-6.24	↑	沟底纵坡为“+”时水流与路线方向相同,用“(↑)”表示;沟底纵坡为“-”时水流与路线方向相反,用“(↓)”表示
2	K11 +905.5 ~ K11 +960.0	梯形排水沟 60cm×80cm(右)	54.50	121.93	125.93	121.63	21.00	126.24	126.24	125.44	13.50	-6.09	↑	
3	K11 +985.0 ~ K12 +50.0	梯形边沟 50cm×100cm(左)	65.00	126.39	126.39	125.39	13.50	126.75	126.75	125.75	13.50	-0.55	↑	
4	K11 +960.0 ~ K12 +50.0	梯形边沟 50cm×100cm(右)	90.00	126.24	126.24	125.24	13.50	126.75	126.75	125.75	13.50	-0.57	↑	
5	K12 +50.0 ~ K12 +141.3	梯形排水沟 60cm×80cm(左)	91.30	126.75	126.75	125.95	13.50	122.26	127.26	121.96	22.50	4.37	↑	
6	K12 +50.0 ~ K12 +141.3	梯形排水沟 60cm×80cm(右)	91.30	126.75	126.75	125.95	13.50	123.26	127.26	122.96	21.00	3.27	↑	
7	K12 +150.7 ~ K12 +220.0	梯形排水沟 60cm×80cm(左)	69.30	122.32	127.32	122.02	22.50	127.61	127.61	126.81	13.50	-6.91	↑	
8	K12 +150.7 ~ K12 +205.0	梯形排水沟 60cm×80cm(右)	54.30	123.32	127.32	123.02	21.00	127.56	127.56	126.76	13.50	-6.89	↑	

(3)根据计算的 h,在桩位上标出沟底中心点设计高程面。

此例中 $h = -0.13\text{m}$,说明该点应下挖 0.13m 才是该点设计高程。

为了控制下挖深度,作业中应把该点实测点标定在沟内侧碎落台的帮壁上(图 1-15)。

(4)根据实地沟底中心点设计高程面,控制边沟基础面。从图 1-15 知,边沟基础厚 0.35m,就是说,应从边沟设计高程面下挖 0.35m 才是基坑面。

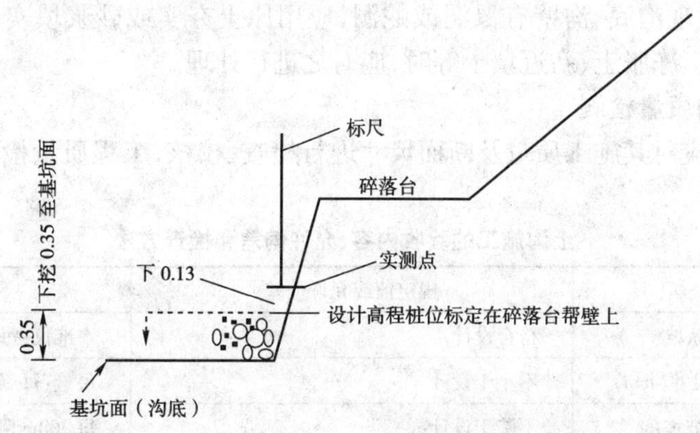

图 1-15 边沟中心点设计高程放样

2. 边沟沟底设计高程放样注意事项

在线路直线段进行边沟沟底设计高程放样时,不需对每个桩位都标定沟底设计高程。实践中是每隔 50m 标定一个沟底设计高程,然后将相邻两点设计高程处用线绳连接拉紧,以指示下挖基础并铺砌基础至拉绳高度。

在曲线段进行边沟沟底设计高程放样时,应将每个沟底中心点都放出来,然后将两相邻点用线绳连接拉紧,以指导下挖基础及铺砌基础面至拉绳高度。

二、石质边沟的施工

石质边沟的开挖,无论采用人工还是机械施工,均需放炮,使石方松动后再开挖成形,这样很容易超挖,应控制炮孔位置和爆破药量,超挖部分用浆砌片石或混凝土、砂浆找补。

石质边沟其他工序的施工方法与土质边沟相同。

边沟施工过程中,质量控制应采用全过程控制,但主要应控制沟槽开挖质量和边沟加固质量。

1. 土沟施工的质量控制

(1)施工放线时,在转弯段应加密放线的控制点(每 2m 放一点),应对水沟放线位置进行复核,并与公路及其他设施位置进行对比,确信放线无误。

(2)人工开挖或修整时,最好采用挂线施工,开挖时可用图 1-16 所示的样板尺随时测量土沟,以控制土沟的断面尺寸。

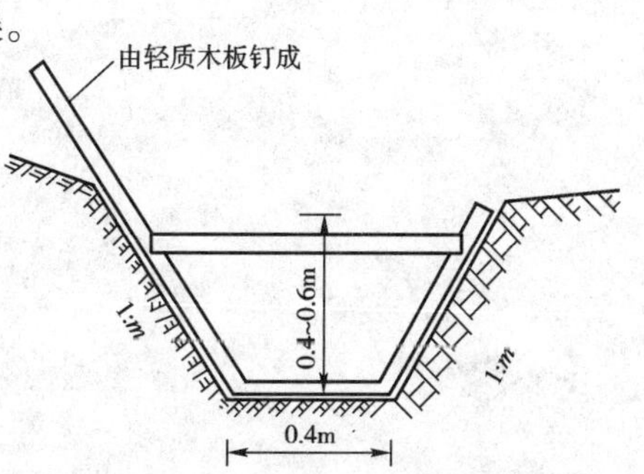

图 1-16 样板边沟的形式

在水沟经过弃土场或其他新填土地段,可采用放水浸泡或分层碾压的方法,使沟基土的密度达到规定的压实密度。

检查时,对超挖较大的部分,可用原土夯实到 93% 的压实度或不低于原地基天然密实度;对局部扰动及超挖，应在砌筑时采用同强度等级砂浆、片石或混凝土找补。

(3)土沟表面的夯实加固。

①开挖水沟时，沟底及沟壁部分少挖 0.05m；

②将沟底、沟壁夯拍坚实，使土的干密度不小于 1.66t/m^3，土层厚度不小于 0.05m；

③沟槽开挖时，应随挖随拍；

④施工中如发现沟底、沟壁有鼠洞或蛇洞，应用原土夯实或砂浆填实；存在浅层窑洞、墓穴、大孔洞、膨胀土、冻胀土、新近填土等时，应对之进行处理。

2. 土沟施工的质量检测

施工完毕时，应对其施工质量及断面尺寸进行检查、校核，工程质量检查内容和检查方法按表 1-3 进行。

土沟施工的验收内容、允许偏差和检查方法 表 1-3

项次	检查项目	规定值或允许偏差	检查方法和频率
1	沟底纵坡(%)	符合设计	水准仪：每 200m 测 4 点
2	断面尺寸(mm)	不小于设计	尺量：每 200m 测 2 点
3	边坡坡度	不陡于设计	每 300m 测 2 处
4	边棱直顺度(mm)	±50	尺量：20m 拉线，每 200m 检查 2 处
5	沟坡外观	平整、稳定、无裂缝、无贴坡	现场检查
6	沟底外观	平顺、整齐、无松土、无杂物、无阻水现象	现场检查
7	出口	对公路和周边设施及建筑没有冲刷、淹没、淤积等影响	现场检查

相关链接

某工程石砌排水沟结构物工程量核算见表 1-4。

某工程石砌排水结构物工程量核算表 表 1-4

编号	名称	单位	工程量	费率号	备注
12	石砌排水结构物(边沟、排水沟、截水沟、急流槽)		1.0		
-1	M7.5 浆砌片石	m^3	1.0		
4-1-1-1	土方干处基坑深 3m 以内	1 000m^3	0.001 0	08	
4-11-5-1	填砂砾(砂)	10m^3	0.1	08	
1-2-3-1	边沟、排水沟、截水沟浆砌片石	10m^3 实体	0.1	08	

学习情境2

道路地下排水工程施工

情境导入

当地下水位较高且路基高程受限制时，往往会导致路基水温条件变差，影响路基的强度与稳定性，因此，需要考虑地下排水设计。

学习目标

【知识目标】 完成本学习情境的学习，使学生能够熟练掌握道路地下排水工程的类型、结构、设计原理和工程量计算方法；掌握道路地下排水工程常用材料的品种、技术要求和试验检测方法；掌握道路地下排水工程施工的工艺流程，熟悉道路地下排水工程施工准备工作，掌握施工组织的流程和具体内容；掌握施工放样的方法；掌握施工管理的程序和内业资料填写的要求；熟悉道路地下排水工程质量检测的原理，掌握质量评定的方法。

【能力目标】 学生能够根据施工图的内容，确定各部分结构尺寸，计算出工程量；能够独立完成道路地面排水工程所用原材料的试验工作；能够合理地进行施工准备；掌握不同施工方法的工艺流程，并完成施工方案的设计；能够运用经纬仪、全站仪和水准仪等测量仪器进行放样工作；合理地组织施工，完成相关的内业资料填写；并能够独立地完成道路地下排水工程的质量检测和评价，填写质量检验评定资料。

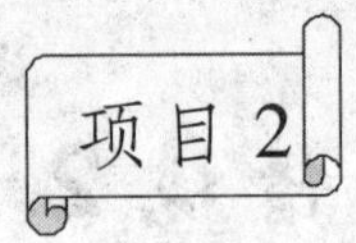

盲渗沟工程施工

项目引导

建筑在地面以下,具有拦截、汇积和排除地下水,或降低地下水位,使路基免遭破坏或能兼排地面水的结构物,称为地下排水设施。公路路基常用的地下排水设施有明沟与排水槽、暗沟、渗沟及渗井等。对于排除流量较大的地下水或地面水,应设置专用地下管道予以排除。

任务1 识读盲渗沟工程施工图

一、明沟与排水槽

当地下水位高、潜水层埋藏不深时,可采用明沟或排水槽截流排除(浅层)地下水及降低地下水位,也可兼排地面水。明沟或排水槽必须深入到潜水层,且不宜在寒冷地区采用。

明沟断面一般采用梯形,边坡采用1:1.0~1:1.5。明沟边坡一般应以干砌片石加固,并设反滤层以使水流渗入明沟;明沟纵坡宜适当加大,保证水流及时排出。

排水槽一般为矩形,可用混凝土、干砌或浆砌片石筑成,槽底纵坡不应小于3%。当用混凝土或浆砌时,应视地下水流量及槽深设置一排或多排渗水孔,外侧填以粗颗粒透水材料。沿沟槽每隔10~15m,或当沟槽通过软硬岩层分界处时,应留伸缩缝和沉降缝。

二、暗沟(盲沟)

暗沟是设在地面以下引导地下水流的沟渠,其本身不起渗水、汇水作用。因此,暗沟主要作用是把路基范围内的泉水或渗沟所拦截、汇集的水流,排到路基范围之外,其目的是拦截或降低地下水。通过沟内分层填实的不同粒径的颗粒材料,利用其透水性,将路基范围内的泉眼或渗沟汇积的水流排到路基范围以外。高速公路、一级公路中央分隔带有雨水浸入时,通过雨水口将路面水引入地下暗沟,排到路基范围之外。

暗沟应在路基填土前或开挖后,按照泉眼范围及流量的大小或渗沟汇集的水流情况,确定断面尺寸。暗沟的断面形式一般为矩形,亦可成上宽下窄的梯形。底宽为0.3~0.5m,高度为1.0~1.5m。沟内下部填石,粒径为3~5cm,水可在缝隙中流动;为防止细料堵塞缝隙,粗粒径石块的上部和两侧,分层填入较细料,每层厚约为10cm。暗沟的顶面和底面,一般设有0.3m厚的隔水层。

图2-1为一侧边沟下面所设的盲沟,用以拦截流向路基的层间水,防止路基边坡滑坍和毛细水上升危及路基的强度与稳定性。

图 2-2 是路基两侧边沟下面均设盲沟，用以降低地下水位，防止毛细水上升至路基工作区范围内，形成水分积聚而造成冻胀和翻浆，或土基过湿而降低强度等。

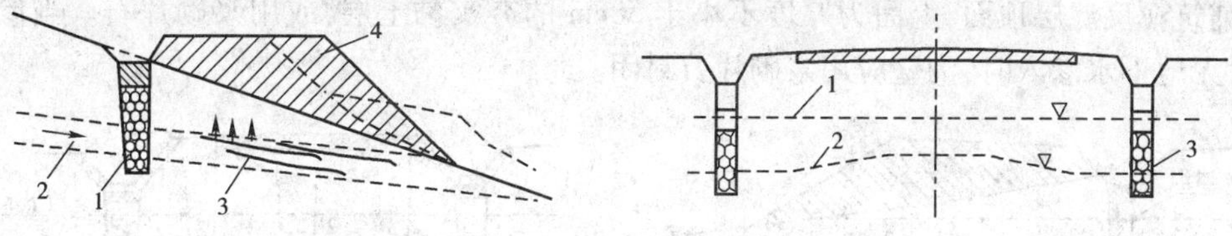

图 2-1　一侧边沟下设盲沟
1-盲沟；2-层间水；3-毛细水；4-可能滑坡线

图 2-2　两侧边沟下设盲沟
1-原地下水位；2-降低后地下水位；3-盲沟

暗沟可分洞式和管式两大类。图 2-3 为疏导路基泉水的暗沟。在路基填土之前或挖成之后，按照泉眼范围的大小，剥除泉眼上层浮土，挖出泉井，砌筑井壁与沟壁，上盖混凝土盖板。井深应保证盖板顶的填土厚度不小于 50cm。沟宽或管径可按泉眼范围或流量大小决定，一般为 20 ~ 30cm，净高约为 20cm。若两侧沟壁为石质，盖板可直接放在两侧石壁上。为防止泥土或砂砾落入沟槽或泉眼，以免淤塞，盖板周围用碎（砾）石做成反滤层，其颗粒直径自上而下，由外及里，逐渐增大。

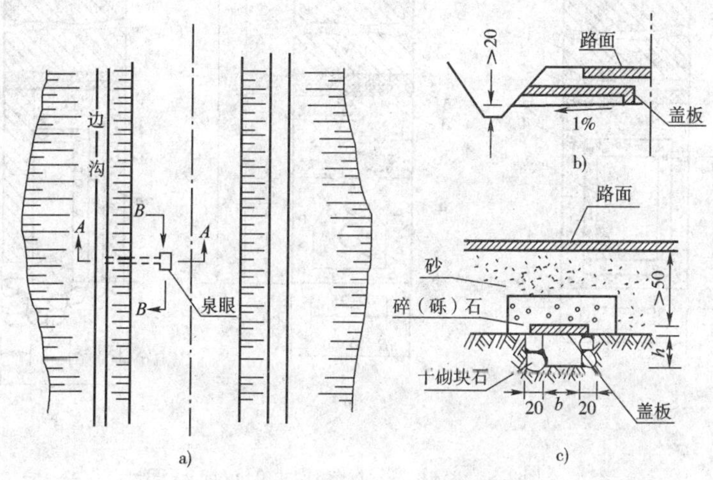

图 2-3　疏导路基泉水的暗沟构造图（尺寸单位：cm）
a）平面；b）剖面 $A—A$；c）剖面 $B—B$

暗沟的排水量较少，不宜过长，一般以 50m 为限，沟底具有 1% ~ 2% 的纵坡，暗沟出水口应高出边沟最高水位 20cm 以上，以防止水流倒渗，不允许出现倒灌现象。

三、渗沟

渗沟是一种常见的地下排水设施。渗沟主要用来吸收降低地下水位，汇集和拦截流向路基的地下水，并将其排出路基范围之外。切断、拦截有害的含水层和降低地下水位，保证路基经常处于干燥状态。它是公路路基最常见的一种地下排水沟渠，尤其适用于地下水蕴藏量大、面积分布广的路段。根据地下水位分布情况，渗沟可设置在边沟、路肩、路基中线以下或路基上侧山坡适当位置，如图 2-4 所示。

渗沟由碎（砾）石或管（洞）排水层、反滤层和封闭层所组成，如图 2-5 所示。反滤层用于汇集、吸收水流，防止土或砂石材料挤入相邻层内，堵塞排水层；一般用碎石砂砾材料分层填埋，颗粒粒径由上而下，自外而内逐渐增大，相邻层的粒径一般不小于1∶4，每层厚度不小于15cm。为避免地面水进入渗沟，渗沟顶部应设置封闭层。封闭层可用双层反铺草皮或沥青纸材料，铺筑在反滤层顶面，上面为厚度不小于50cm的夯实黏土层，或用浆砌片石。当渗沟局部地段无地下水渗入时，沟壁应用浆砌片石封闭。

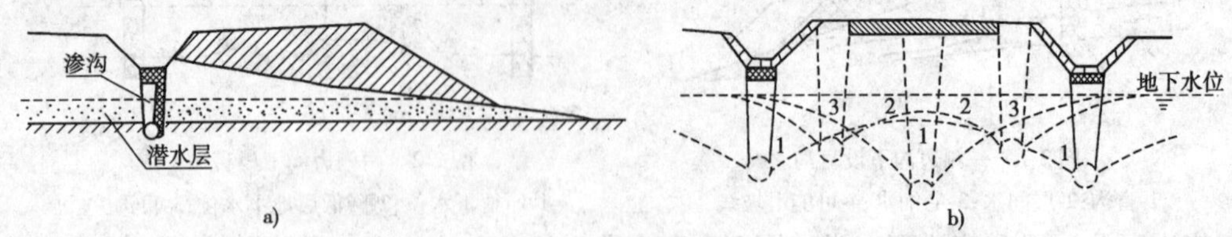

图2-4　渗沟布置图

a）拦截潜水流向路堤的渗沟；b）降低地下水位的渗沟

1、2、3-因渗水沟位置不同所降低的不同水位曲线

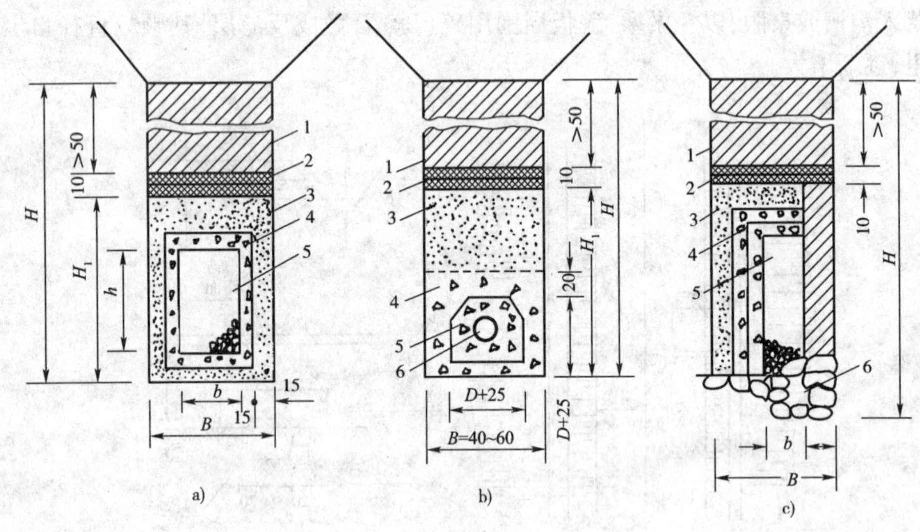

图2-5　渗沟构造示意图（尺寸单位：cm）

a）填石渗沟；b）管式渗沟；c）洞式渗沟

1-夯实黏土；2-双层反铺草皮；3-粗砂；4-石屑；5-碎石；6-浆砌片石沟洞

渗沟走向尽可能与地下水流相互垂直。沟宽根据沟深、地下水蕴藏量、布置数量而定。一般地，沟深在2m以内，宽度为0.6～0.8m；沟深3～4m，宽度不小于1.0m。渗沟出口必须保证水流顺畅，出口如在路基附近，需防止水流停滞或冲刷路基边坡；冰冻地区的渗沟出口应采取措施，如加大出口沟底纵坡，设保温层等，以保证水流不致冻结。渗沟纵坡一般不宜小于0.5%。

按排水层的形式，渗沟可分为三种：填石渗沟、管式渗沟和洞式渗沟。

1. 填石渗沟

填石渗沟也称盲沟，是目前公路上常用的一种渗沟。排水层采用颗粒较大的碎、砾石材料填充，施工时应注意防止淤塞失效，并须保证具有通过设计排水量的孔隙度。由于排水阻力较大，填石渗沟一般适宜于流量不大，渗沟不长的地段，由于排水层阻力较大，沟底纵向坡度不小于1%，一般可采用5%，深度不超过3m，宽度一般为0.7～1.0m。排水层填充高度H应不低于未设盲沟前的地下水位，并不少于0.3m。

2. 管式渗沟

管式渗沟是用排水管作为排水层排泄地下水。管式渗沟排水顺畅,适用于地下水分布范围广、藏水量大、渗沟较长的路段。渗沟纵向长度应不大于250~350m。若渗沟过长,应增设横向泄水管,将纵向渗沟内的水流分段,引出路基范围之外。沟底纵坡取决于设计流速,最大流速应考虑到水管的构造及其使用寿命,且不致冲毁管下垫枕材料,一般以不大于1.0m/s为宜,亦不应低于最小流速,最小纵坡为0.5%,以免淤塞。

泄水管可采用陶土、混凝土或石棉水泥材料制成,在林区缺少建筑材料地段,也可用木制或竹制。为保证向管内渗水,集水部分排水管管壁应设渗水孔眼、缝隙或间隙,其构造如图2-6所示。水管直径大小取决于地下水流量,一般为15~30cm。冰冻地区为防止管内水流冻结而堵塞,可采用直径较大的水管。渗沟高度H应使反滤层顶面高出原地下水位,且不低于沟底至管顶之间高度的2~4倍。沟底用干砌片石铺砌。若渗沟沟底深入不透水层,则用浆砌片石或混凝土铺筑。

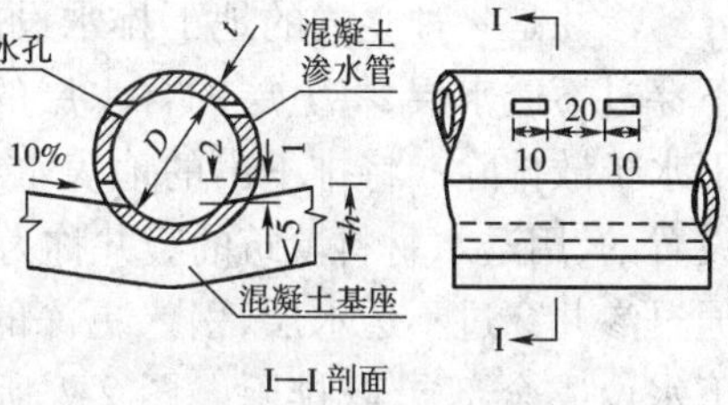

I—I 剖面

图2-6　管式渗沟构造图(尺寸单位:cm)

3. 洞式渗沟

当地下水流量较大且范围较广,或缺乏水管,而当地石料丰富时,可采用石砌方洞。排水洞大小依设计流量而定,一般为20~40cm。洞内的水可以满流或非满流。沟底最小纵坡为0.5%,有条件可适当采用较大纵坡,以利排水。渗沟高度为H,沟底处理类似于管式渗沟。洞顶可加设带泄水小孔的混凝土盖板或用条石铺砌,条石间设空隙,以利集水。

渗沟的施工质量是保证其能否发挥作用的关键。如质量控制不严,造成渗沟淤塞,不但起不到汇流、排水作用,反而会给工程留下隐患。因此,在施工中,必须注意以下问题:

(1)渗沟的布置应尽可能与地下水流向互相垂直,使之能拦截更多的地下水。

(2)渗沟的横宽一般视埋藏深度、排水要求、施工和维修便利而定,深度为2m时,宽度为0.8~1.0m;深度在3~4m时,宽度不小于1.0m。沟内用做排水和渗水的砂石填料,应经过筛选和清洗。

(3)为防止土粒落进填充石料的孔隙,造成渗沟堵塞,以及防止地面水渗入沟内,渗沟顶部应设封闭层。封闭层可用双层反铺草皮或其他材料铺成隔层,并在其上夯填厚度不小于0.5m的黏土防水层或用浆砌片石筑成。

(4)汇积水流时,为防止含水层中砂、土挤入渗沟,应设反滤层。反滤层应用筛选过的中砂、粗砂、砾石、碎石等渗水材料分层填筑,其层数和颗粒级配、比例,应视坑壁土质和排水层材料而定。一般相邻层的粒径比不小于1:4,层厚不小于0.15m,砂石料颗粒小于0.15mm的含量不应大于5%,颗粒粒径一般为含水层土粒最大粒径的8~10倍。禁止用粉砂、细砂及风化石料填筑。

(5)渗沟的施工与暗沟一样,宜由下游向上游施工,并应随挖随撑随填,支撑渗沟应间隔开挖。渗沟反滤层施工时,可用木板将各层反滤材料组成垂直层,其高度视渗沟的填充高度而定,填筑完后再将木板抽出。

(6)为了核查、维修渗沟,同暗沟施工一样,每隔30~50m,或在平面转折和坡度由陡变缓处,宜设置检查井,检查井一般采用圆形,内径不小于1.0m,在井壁处的排水管管底应高出井底0.3~0.4m,井底铺筑一层0.1~0.2m的混凝土,以免漏水,井基如遇不良土质,应采取接填、夯实等措施。兼起渗井作用的检查井壁,应在含水层范围设置渗水孔和反滤层。深度大于

20m 的检查井,除设置检查梯外,还应设置安全设备。

四、渗井

当平坦地区如路基附近无河流、沟渠或洼地,地面水或浅层地下水无法排除,影响路基稳定,而距地面不深处又有透水层,地下水背离路基,同时地面水流量不大时,可设置渗井。前述渗沟属于水平方向的地下水排水设备,而渗井则属立式(竖向)排水设备。在平坦地区地面排水困难时,如距离地面不深处有渗透性土层,而且地下水背离路基较深,可以修建渗井,将地表水或边沟水分散到离地面 1.5m 以下的土层中。

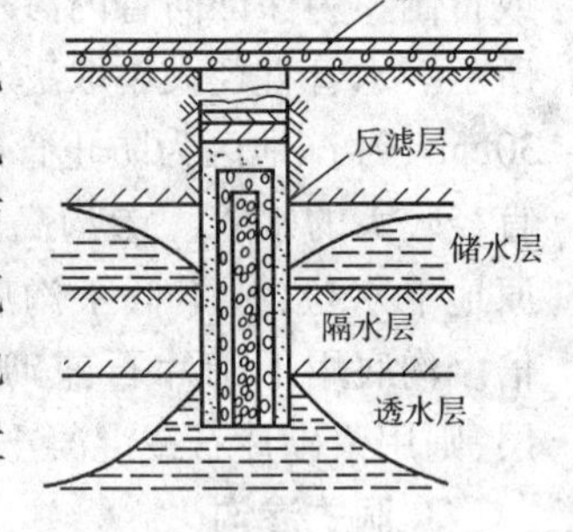

图 2-7　渗井结构与布置图

渗井是一种立式的地下排水设施,在多层含水的地基上,向地下穿过不透水层,将上层的含水层的水引入下层渗水层,以利于地下水扩散排除。将排不出的地表水或边沟水渗到地下透水层中而设置的、用透水材料填筑的竖井称为渗水井。影响路基的上层水流通过渗井穿过不透水层,引入更深的透水层中去,以降低上层的地下水位或全部予以排除。图 2-7 所示为圆形渗井的结构与布置图例。

渗井的平面布置、孔径与渗水量,按水力半径而定,一般采用直径为 1.0 ~1.5m 的圆柱形,或边长为 1.0 ~1.5m 的正方形。井深视地层构造情况而定,以深入下面渗水层能够向下渗水为限。井内由中心向四周按层次分别填充由粗至细的砂石材料。粗料渗水,细料反滤。填充料要求筛分冲洗,施工时需用铁皮套筒分隔不同粒径材料,不得粗细材料混杂,以保证渗井达到预期排水效果。渗井顶部周围用黏土筑堤围护,或加筑混凝土盖板。在多层含水的地基上,上部影响路基强度含水层的水流渗入到渗井内,向下穿过不透水层,进入较深的、不影响路基强度的含水层内,流向远离路基的方向。

渗井施工难度大,单位面积造价高,一般不轻易采用。当土基含水率较大,路面翻浆,彻底解决地面、地下水又困难时,经与其他技术措施相比较,有条件地选用。

以上是公路工程中常见的几种地下排水设施。值得特别指出的是,由于地下排水结构物系隐蔽工程,其构造一般比地面排水结构复杂,投资较大,故设计、施工、养护均应特别注意,以免结构失效而后患无穷。

任务 2　路基排水综合设计

一、综合设计的意义

上述各类排水结构物,均是针对某一水源,为满足某一方面的要求而设置的。由于自然条件、路线布置及其他人为因素的不同,水源可能同时来自几个不同的方向,它们对路基危害程度不尽相同。因此,单一互不联系的排水结构物,是不能完成全路基排水任务的。为了使各结构物都得以合理使用,需要进行路基排水综合设计,使地面排水与地下排水设备相互协调;路基排水设备与桥涵等泄水结构物合理布置;排水工程与防护加固工程、农田水利及相关建设项目相互结合。因此,路基排水设计必须包括两部分内容,即首先是进行排水系统的总体规划,或者称排水系统设计,在此基础上进行各单项结构物的设计。

实践证明，尤其在多雨山区、黄土高原地区、寒冷潮湿平原区、水网密布、地基湿软、与水有关的地质不良路段，排水系统综合设计的好坏，对路基的稳定性影响很大。建造高等级公路更应重视路基排水的综合设计。

二、综合设计的基本要求

排水综合设计，一般结合路线的平面、纵断面设计和沿线地形、地质、水文条件进行。对一般公路，常在路线平面图、地形图上予以反映。对高等级公路，排水不良、易受水流冲刷的特殊地区，如滑坡路段、隧道洞口、干线交叉道口、连续回头曲线等排水复杂路段，应作专项公路排水综合设计。设计中应考虑以下各点：

(1)流向路基的地面水和地下水，需在路基外适当位置设置截水沟或渗沟拦截，并引离路基范围之外指定地点。路基范围内的水源，分别采取边沟、暗沟、渗沟、渗井汇集或降低水位，通过排水沟排到指定地点，必要时设置跌水或急流槽、倒虹吸、桥涵。

(2)对明显的天然沟槽，一般宜"一沟一涵"，不要勉强改、并；对沟槽不明显的漫流，应在上游设置束流设施加以调节，尽量汇成沟槽，导流排除。

(3)为了提高截流效果，节省工程，地面沟渠应大体沿等高线布置，并尽可能垂直于流水方向直线布置，转弯处与圆曲线相接。

(4)各种排水结构物均应设置于稳固的地基上，不得渗流、溢水或滞留，冲刷严重时应予以加固。

(5)水流应循最短通路迅速排出路基范围之外。

图 2-8 是某路段路基综合排水设计平面布置图例。平面图上一般须标明下列主要内容：

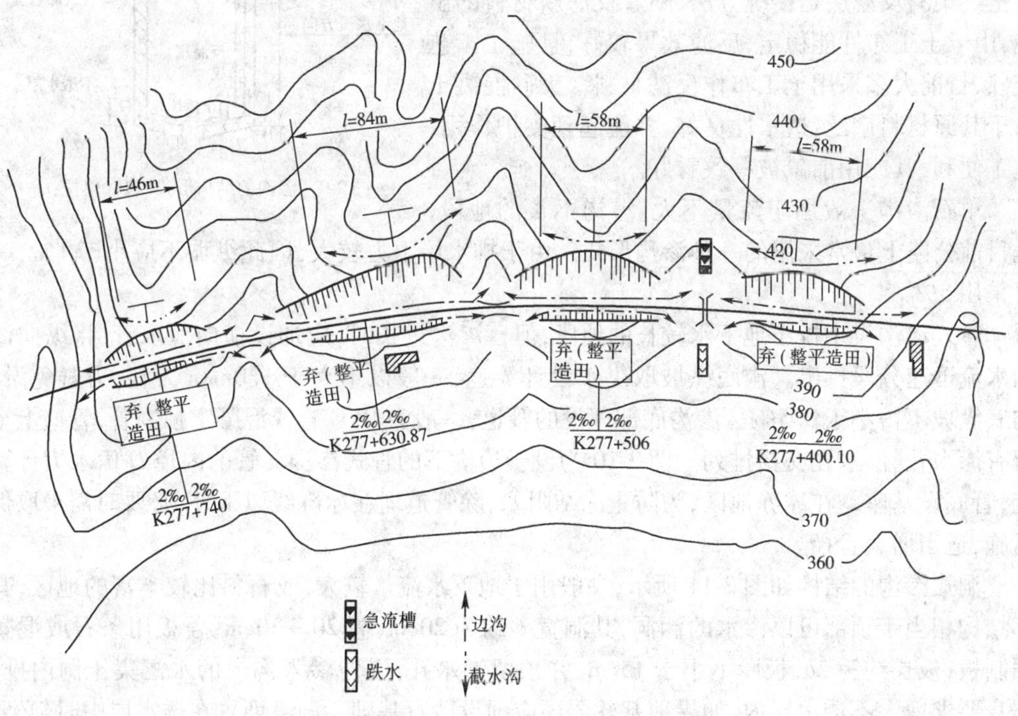

图 2-8　路基综合排水设计平面布置图

①桥涵位置、中心里程、水流方向、进出口沟底高程及其附属工程等；

②地形等高线、主要沟渠，必要的路堤坡脚和路堑坡顶线；

③沿线取土坑、弃土堆的位置；

④路线交叉设施、防护与加固工程、不良地质边界、农田排灌渠道等；

⑤各种路基排水设施的类型、位置、排水方向与纵坡、长度、出水口与分界点的位置等，根据工程设计的需要，还应附有路线及主要排水设施的纵、横断面图和结构设计图。

任务3　盲渗沟施工

一、盲渗沟的结构与布置

采用渗透方式将地下水汇集于沟内，并将水排到指定地点，这种设施统称为盲渗沟。盲渗沟具有疏干表层土体、增加坡面稳定性、截断及引排地下水、降低地下水位、防止地下细颗粒土壤被冲移的作用。在路基中，浅埋的盲渗沟约在2～3m以内，深埋时可达6m以上。

由于盲渗沟是隐蔽工程，埋置于地面以下，不易维修，因此在选择时一定要与修建明沟相比较，择优选用。必须采用盲渗沟时，要确保施工质量，使之长久牢固，渗流畅通，引排有效。

盲渗沟按结构形式的不同可分为填石渗沟、管式渗沟和洞式渗沟。这三种形式的盲渗沟均由排水层（石缝、管或洞）、反滤层和封闭层所组成，构造见图2-9。

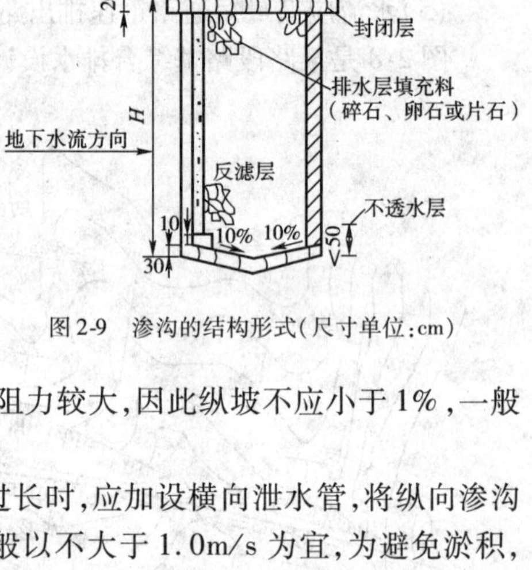

反滤层材料目前有三种：集料、土工布及无砂混凝土。集料反滤层是传统方法，随着反滤新材料的出现，由于土工布性能稳定，反滤效果较好，且施工工艺成熟，目前大多采用土工布作反滤材料。无砂混凝土由于其原材料广泛，透水性良好，并能起到支护作用，施工便利，其应用前景被一致看好。

图2-9　渗沟的结构形式（尺寸单位：cm）

填石渗沟一般用于流量不大，渗沟不长的地段，是目前公路上最常采用的一种渗沟形式。由于排水层阻力较大，因此纵坡不应小于1%，一般可采用5%。

管式渗沟设于排出地下水较长的地段，但盲渗沟过长时，应加设横向泄水管，将纵向渗沟的水流迅速分段排出。沟底纵坡取决于设计流速，一般以不大于1.0m/s为宜，为避免淤积，沟底纵坡不得小于0.5%。渗沟底部埋设的管道，一般为PVC管或混凝土预制管，管壁上半部留有渗水孔，渗水孔交错排列。图2-10为设于边沟下的管式渗沟。管的内径D由水力计算确定，管底设基座。在冰冻地区，为防止冻结阻塞，除管道埋在冰冻线以下外，必要时需采取保温措施，适当增大管径。

洞式渗沟的结构如图2-11所示，一般用于地下水流量较大，或石料比较丰富的地区，其下部结构相当于顶部可以渗水的涵洞，其洞宽b约为20cm，高20～30cm；盖板用条石或混凝土预制板；板长约为$2b$，板厚不小于15cm，并预留渗水孔，以便渗入沟内的水汇集于洞内排出。洞身要求埋入不透水层内，如果地基软弱还应铺设砂石基础。洞身埋置在透水层中时，必要时在两侧和底部加设隔水层，以达到排水的目的。洞口大小依设计流量而定，沟底纵坡最小为0.5%，有条件时适当采用较大纵坡，以利排水。

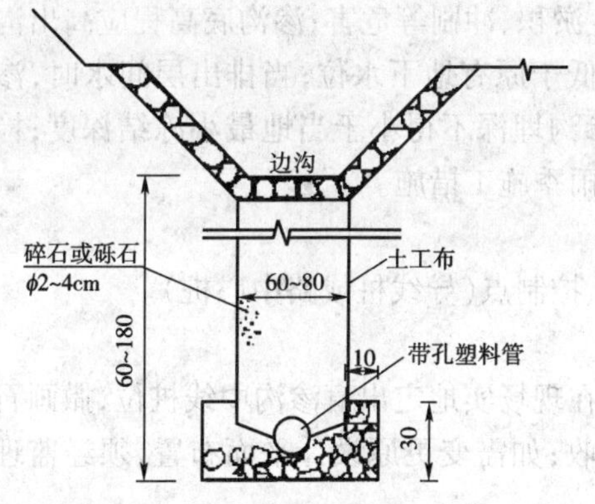

图 2-10　管式渗沟(尺寸单位:cm)

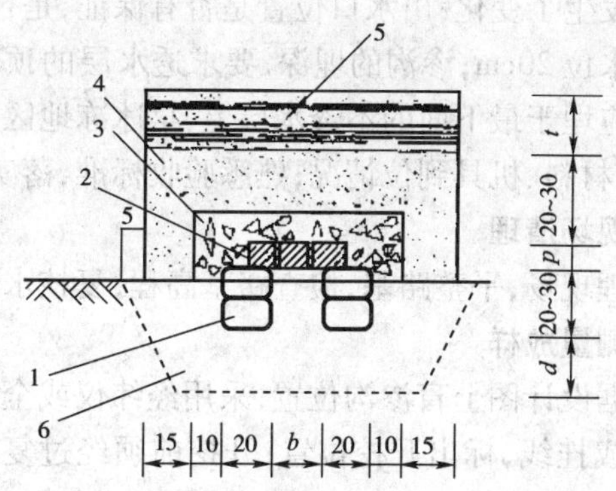

图 2-11　洞式渗沟结构示意图(尺寸单位:cm)

1-浆砌块石;2-盖板;3-碎砾石;4-砂;5-双层反铺草皮或土工布;6-基础

图 2-12 为埋置于路基一侧边沟下的盲渗沟,用以拦截流向路基的层间水,防止路基边坡滑动和毛细水上升,危及路基强度与稳定性。

图 2-13 为路基两侧边沟下设置盲渗沟,用以降低地下水位,防止毛细水上升到路基工作区范围内,形成水分积聚而造成冻胀和翻浆,或土基过湿而降低强度。

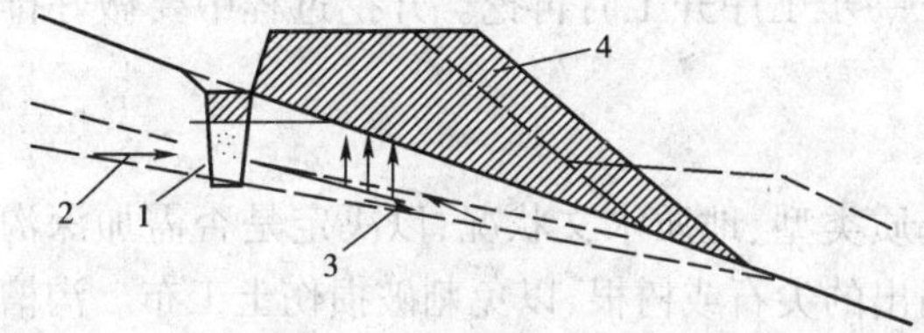

图 2-12　一侧边沟下设盲沟

1-盲沟;2-层间水;3-毛细水;4-可能滑坡线

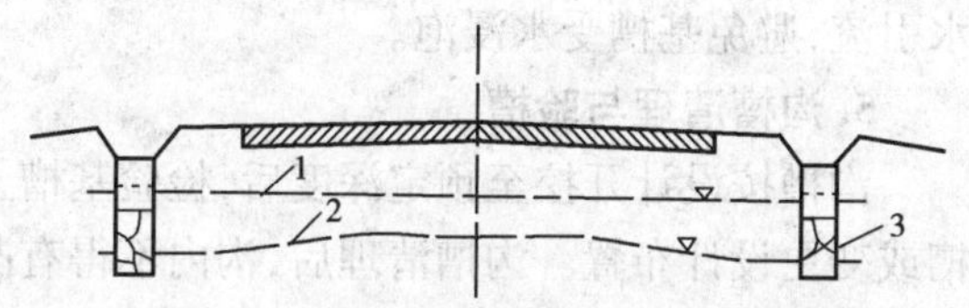

图 2-13　两侧边沟下设盲沟

1-原地下水位;2-降低后地下水位;3-盲沟

图 2-14 是设在路基挖方与填方交界处的横向盲渗沟,用以拦截和排出路堑下面层间水或小股泉水,保持路堤填土不受水害。

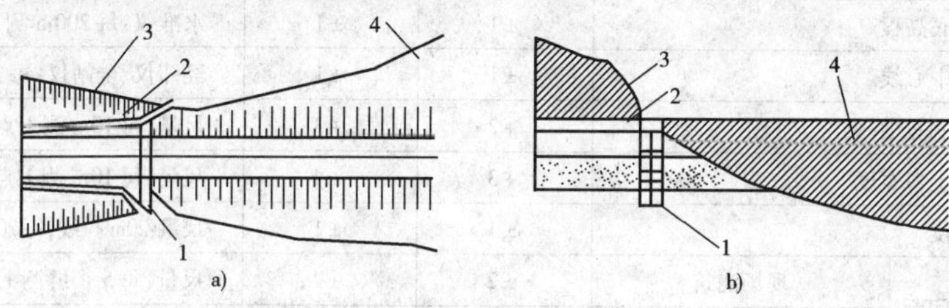

图 2-14　挖填交界处横向盲沟

a)平面;b)纵剖面

1-盲沟;2-边沟;3-路堑;4-路堤

二、盲渗沟的施工工艺

盲渗沟的施工工艺及流程为:施工前准备→测量放样→沟槽开挖→沟槽清理与验槽→盲渗沟材料安装回填及夯实。

三、盲渗沟的施工方法

1. 施工前准备

认真阅读设计图纸,掌握设计意图、目的,拟订施工方案;核查设计是否合理完善,现场条件是否发生了变化；出水口位置是否有保证，是否产生淤积、冲刷等危害；渗沟底高程应高出沟外最高水位 20cm；渗沟的埋深，要求透水层的顶部应低于原有地下水位；当排出层间水时，渗沟底部应埋于最下面的不透水层上，早冰冻地区，盲渗沟埋深不得小于当地最小冻结深度；检查人员、材料、机具到位情况；熟悉验收标准，落实冬、雨季施工措施。

2. 现场清理

清理现场，平整路基，检查路基高程，复核水准点、控制点(导线桩或路中心桩)。

3. 测量放样

根据设计图上盲渗沟位置，采用经纬仪或全站仪在现场实地定出盲渗沟中线桩位，撒画石灰边线或挂线，标出开挖位置；开挖前须经过复核验收；如需变更原设计平面布置，须经监理批准。

4. 开挖沟槽

根据渗沟宽度大小以及现场条件，选择采用人工开挖或机械开挖，开挖方向宜自下游向上游进行，沟槽开挖宽度及放坡可根据设计、土质、挖深、水位确定，优先采用挖直立沟或直立沟加支撑方式。开挖过程中注意检查控制基底高程、断面尺寸，做到不超挖、不扰动槽底基土。机械开挖时在设计槽底高程以上保留 20cm 左右不挖，用人工清理底、基壁；当下一步工序不能连续进行时，槽亦留 20cm 左右土层不挖，待下一步工序开工时再挖。开挖过程中要做好排水引流，避免基槽受水浸泡。

5. 沟槽清理与验槽

沟槽按设计开挖至预定深度后，检验基槽土质类型、地质水文状况，以决定是否需加深沟槽或变更设计布置。沟槽清理后，沟内不得有凸出的尖石或树根，以免刺破损伤土工布。沟槽可按表 2-1 的项目验收。

明沟加固后的断面尺寸和允许偏差 表 2-1

项次	检查项目		允许偏差(cm)		检查方法和频率
			土基	石基	
1	水沟底高程		±1	±1	水准仪：每 200m 测 4 点
2	水沟中心线		±1	±1	经纬仪、全站仪：每 200m 测 4 点
3	水沟底宽度		+2	+3	尺量：每 10m 测 1 点
4	水沟上口宽度		+3	+4	尺量：每 10m 测 1 点
5	平整度		±1	±1	尺量：20m 拉线，每 200m 检查 2 处
6	伸缩缝间距	现场浇筑	±2	±2	尺量：每 5 个缝测 1 点
		预制铺砌	±5		尺量：每 5 个缝测 1 点
7	边坡加固层斜长		+1	+1	尺量：每 10m 测 1 点
8	现浇施工，沟坡、沟底加固层纵向分块长度		±0.5	±0.5	尺量：每块测 1 点
9	现浇施工，沟坡、沟底加固层横向分块长度		+3	+1	尺量：每块测 2 点
10	预制板两对角线长度差值		±0.7		尺量：每 10 块测 1 点
11	加固层厚度	现场浇筑施工	±5%	-5%	尺量：每 5m 测 1 点
		砌石加固及预制块铺砌施工	±5%		尺量：每 5m 测 1 点
12	混凝土强度		符合设计要求		按附录 5 检查

续上表

项次	检查项目	允许偏差(cm)		检查方法和频率
		土基	石基	
13	砂浆强度	符合设计要求		按附录7检查
14	渗水孔	直顺、导通、外倾、无堵塞		抽查10%
15	沟坡外观	平整、稳定、无裂缝、无贴坡		现场检查
16	沟底外观	平顺、整齐、无松土、无杂物、无阻水现象		现场检查
17	出口	对公路和周边设施及建筑没有冲刷、淹没、淤积等影响;没有沟水倒灌现象		现场检查

注:表中"附录5"、"附录7"指《道路排水与防护工程施工学习任务书》中的附录。

做好基槽记录,及时通知监理检验;若发现槽中土质、水文地质情况与原设计有较大出入,须报业主代表及监理工程师,另行确定解决方案。

6. 盲渗沟材料安装回填及夯实

1)反滤土工布盲渗沟

验收合格的基槽应尽快进行下道工序的施工,首先将反滤土工布铺放入沟槽,土工布规格、质量要求见《道路排水与防护工程施工学习任务书》附录15。土工布铺放前应事先裁剪成符合要求的宽度,尺寸按上口搭接形式留足宽度。土工布铺放入槽后,须整平表面,紧贴沟底及沟壁,但布面不应绷得太紧,需略有松弛,用石块压住固定;土工布长度或宽度不够时,土工布之间搭接长度不得小于30cm,搭接处位于下游的土工布应放在上游的土工布下面,也可以采用缝接方法进行,缝接方法见图2-15。

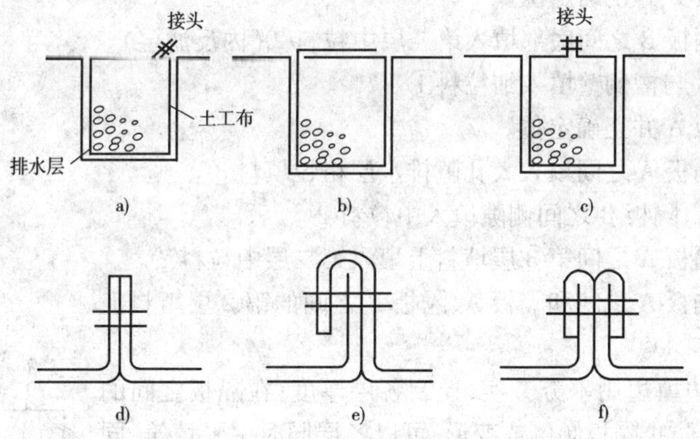

图2-15　土工布的搭接方法

a)边缘搭接;b)顶部重叠;c)中间搭接;d)平接缝;e)丁形接缝;f)蝶形接缝

土工布铺好就位后,沿槽底土工布分层倒入经筛分洁净的碎石或卵石的填料,填料要求无片状、针状,坚固抗冻,含泥量<3%。整平碎石表面后,人工或小型打夯机夯实。每层碎石虚铺厚度20cm,夯实3遍,不得漏夯,密实度应达到60%以上。施工中,应避免对碎石产生污染,运料和沟内回填人员应分工,避免把沟外的泥土带进沟内,堆放碎石的场地也应进行认真清理后(在必要的地方,应铺垫铁皮等物隔离),方可卸料。在堆料回填过程中,应分堆近距离回

填，避免长距离摊铺。

盲渗沟内排水层碎石填至预定高度后，应及时将沟顶碎石封闭，以防碎石受到污染，沟顶土工布可用缝接或搭接的方式处理接头，如图 2-15a）、图 2-15b）、图 2-15c）所示。图 2-15b）顶部叠盖可不进行缝合，但要采取临时压盖措施，如用石块、小堆碎石或路基填料等压盖，也可以采用铁丝穿缝，以免上部施工活动造成卷边。

接头采用缝接时，将左右两片土工布用手提缝纫机缝合起来，缝接形式有平接缝、丁形接缝和蝶形缝，如图 2-15d）、图 2-15e）、图 2-15f）所示，其中以蝶形的强度最高，缝线可为一道或两道，缝合宽度不小于 10cm。

盲渗沟施工完成后，如不立即进行土工布以上路基填筑或上覆土层的回填，应采取临时遮盖措施，以避免土工布长时间暴露或暴晒而使其性能劣化。

盲渗沟位于路基范围以外时，为防止地面水进入渗沟，应在盲渗沟顶面砌筑厚度 20cm 浆砌片石或夯填厚度不小于 30cm 的黏土作为顶部封闭层。

出口处理：出口可根据实地情况安排在路基外自然水体或排水沟内，也可以安排在挡墙或路基边坡上。可用全断面干砌片石封堵出口，砌筑长度 50cm，也可在出口做局部的浆砌片石或预制块，局部开口尺寸不小于 15cm × 15cm，开口下缘与沟底平齐。出水口下方铺设混凝土挡溅垫板，或者对边坡上的泄水道进行浆砌片石防冲刷加固。

2）集料反滤盲渗沟的施工

首先准备好符合质量要求的相应规格各种填料，反滤料的材料要求见《道路排水与防护工程施工学习任务书》附录 14，反滤准则见《道路排水与防护工程施工学习任务书》附录 23，再加工四块以上铁皮或薄木板（胶合板）作为隔板使用，隔板高度应高于盲渗沟 20cm 以上，如图 2-16 所示。反滤料的填筑顺序和填筑方法如下：

（1）沟底填入第一层细粒料①（外反滤层）。

（2）插入隔板 B 并正确定位。

（3）在两块隔板 B 之间底部填入第二层中粒料②（内反滤层）。

（4）在隔板 B 与槽侧壁填入细粒料①。

（5）插入隔板 A 并正确定位。

（6）在两块隔板 A 之间填入大孔隙排水层粗粒填料③。

（7）在隔板 A、隔板 B 之间侧隙填入中粒料②。

（8）在两块隔板 A 之间第③层填料上填入第二层中粒料②。

（9）在两块隔板 A 之间和隔板 A、隔板 B 之间的第②层填料上填入第一层细粒料①。

填入过程中边填边用木夯夯实，控制各层厚度；在隔板之间的填筑过程中，为了防止隔板倾倒或变形，可以各层同时水平填筑、同时上升、同时夯实。如果盲渗沟深度较大，为防止抽拔隔板困难，可边回填材料边向上逐步抽提隔板。

图 2-16 渗沟顶部反滤封闭层还可以有其他做法，如浆砌片石封顶、双层草皮加夯实黏土层封顶，这种处理可不做顶部反滤层。

7. 盲渗沟施工的特殊要求

盲渗沟、管式渗沟和洞式渗沟在具体施工过程中，大部分施工工序和施工方法都是相同的，所不同处主要表现在排水层施工

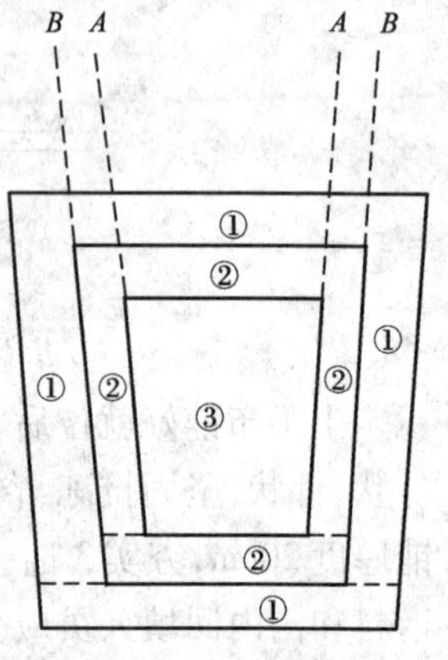

图 2-16　集料反滤盲渗沟

方面。

1)填石渗沟(盲渗沟)

(1)排水层应采用较大颗粒的坚硬石质(粒径2~6cm碎石和卵石),尽量采用单一级配,以保证具有足够的孔隙度,满足设计流量要求,填充高度不小于30cm。

(2)盲渗沟埋深,一般要求渗水材料的顶部(封层以下)不得低于原地下水位。排除层间水时,盲渗沟底部应埋于最下面的不透水层。在冰冻地区渗沟的埋深不得小于当地最小冻结深度,以确保全年使用。

(3)盲渗沟采用混凝土浇筑或浆砌时,应在沟壁与含水层接触面的高度处,设置一排或多排向沟中倾斜的渗水孔,沟壁外侧应填以粗粒透水材料或土工布作反滤层;也可以采用无砂混凝土作渗沟壁,以采用无砂混凝土预制块砌筑施工为好,但无砂混凝土壁应比普通混凝土壁厚。

(4)沿沟槽每隔10~15cm或当沟槽通过软硬岩层分界处时,应设置伸缩缝或沉降缝。

2)管式渗沟

(1)排水管可采用陶土、混凝土、石棉或聚氯乙烯带孔塑料管等材料制成,在林区公路临时性使用时也可选用竹木等当地材料。管径按设计渗流量确定,但最小内径宜为15cm(渗沟长度不大于150m)或20cm(渗沟长度大于150m)。在冬季管内水流结冰地段,为防止堵塞可采用较大直径的水管,并加设保温层。

(2)带孔的排水管,其管壁圆孔的内径为5~10mm,纵向间距为75mm,按4或6排对称排列在圆管断面的下半截,如图2-17的排水孔花管,最上面一排圆孔距管内底的最大高度H和管下部无圆孔截面的弦长L应满足表2-2所列要求。带槽的排水管,其槽口的宽度为3~5mm(沿管长方向),沿圆周方向的长度和槽口的间距应满足表2-3的要求。

沟槽允许偏差 表2-2

序号	项　目	允许偏差	检验频率	检验方法
1	槽底高程	±30mm	每10m测一点	全站仪或水准仪测量
2	沟槽位置	±10cm	每10m测一点	全站仪或经纬仪测量
3	沟底纵坡	±0.5%,且不小于1%	每10测一点	全站仪或水准仪测量
4	断面尺寸	不小于设计规定	每5m测一点	尺量
5	沟槽边坡	不陡于规定	每10m每侧测一点	用坡度尺或吊垂线测量

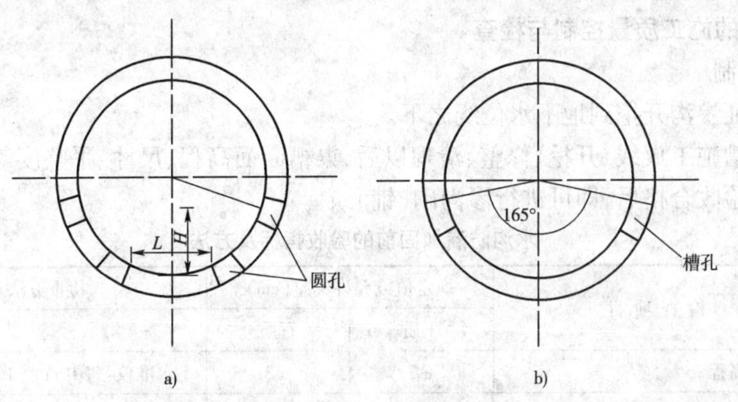

图2-17　带槽孔排水管的圆孔和槽孔布置要求

a)带孔排水管;b)带槽排水管

(3)管底回填料厚度为15cm,管两侧回填料每侧宽度不宜小于30cm。管式渗沟的高度,应使填料顶面高出原地下水位,而且不低于沟底至管顶之间高度的2~4倍。沟底一般用干砌片石,如果深入不透水层,则用浆砌片石或混凝土砌(浇)筑。

带槽孔排水管的槽孔布置尺寸要求

表2-3

管径(mm)	圆孔			槽口		管径(mm)	圆孔			槽口	
	排数	*H*(mm)	*L*(mm)	长度(mm)	间距(mm)		排数	*H*(mm)	*L*(mm)	长度(mm)	间距(mm)
150	4	70	98	38	75	300	6	140	195	75	150
200	4	94	130	50	100	380	6	175	244	75	150
250	4	116	164	50	100	460	6	210	294	75	150

3)洞式渗沟

在渗沟底部,以浆砌片石或混凝土预制块砌成矩形排水槽,槽顶覆盖水泥混凝土条形盖板,或用无砂混凝土预制盖板,形成排水洞。板条间留有20mm的间隙,间距不超过30mm。在盖板顶面铺以透水的土工织物或回填碎石。

四、盲渗沟的施工质量控制与检查

1. 盲渗沟的材料要求

(1)盲渗沟中的干砌石工程和浆砌石工程所用石料和水泥砂浆的质量要求见《道路排水与防护工程施工学习任务书》附录7,混凝土预制块的材料及制作方法见《道路排水与防护工程施工学习任务书》附录4。

(2)反滤土工布碎石盲渗沟所用碎石的要求见《道路排水与防护工程施工学习任务书》附录5之三、(二);所用反滤土工布的要求见《道路排水与防护工程施工学习任务书》附录15。

(3)盲渗沟所用反滤集料的要求见《道路排水与防护工程施工学习任务书》附录14。

(4)管式渗沟所用混凝土预制管及安装的要求见《道路排水与防护工程施工学习任务书》附录11。

(5)管式渗沟所用聚氯乙烯带孔塑料管的要求见《道路排水与防护工程施工学习任务书》附录17。

(6)渗沟反滤沟壁所用无砂混凝土的要求见《道路排水与防护工程施工学习任务书》附录16。

2. 盲渗沟的施工质量控制与检查

1)质量控制

(1)应保证渗沟开挖到地下水位线之下。

(2)渗沟槽施工放线、开挖、修整、清理以后,渠槽断面高程、尺寸、平整度等允许的偏差见表2-4。沟槽验收合格后,即可进行渗沟砌(铺)筑。

水沟防渗加固前的验收指标及方法

表2-4

项次	检查项目	规定值或允许偏差(cm)		检查方法和频率
		土质	石质	
1	沟底高程	±2	±3	水准仪:每10m测1点
2	沟的中心线	2	3	经纬仪、全站仪:直线处每10m测1点,弯道处每2m测1点

续上表

项次	检查项目	规定值或允许偏差(cm)		检查方法和频率
		土质	石质	
3	沟底宽度	+3	+5	尺量:每10m测1点
4	沟顶宽度	+4	+5	尺量:每10m测1点
5	沟顶高程	+2	+5	水准仪:直线处每20m测1点,弯道处每4m测1点
6	沟底及内边坡平整度(用2m尺量)	±2	凸不大于3 凹不大于10	尺量:20m拉线,每200m检查2处
7	沟槽清理	无树根、淤泥、腐殖土、污物,无孔洞等		现场检查

(3)碎石渗沟材料的质量要求参见《道路排水与防护工程施工学习任务书》附录14;土工布的材料要求及施工方法见《道路排水与防护工程施工学习任务书》附录15;无砂混凝土的施工及材料要求见《道路排水与防护工程施工学习任务书》附录16;砌石工程的材料要求及施工方法见《道路排水与防护工程施工学习任务书》附录7。

(4)管式渗沟的管材运输、保存及连接见《道路排水与防护工程施工学习任务书》附录17。

(5)路基下的碎石渗沟的碎石体填筑时,应进行分层填筑分层夯实,使用轻型设备夯实薄层(层厚15~20cm),压实度应达到60%以上;碎石填筑中一定要防止二次污染,不同粒径填料要做好分隔,平起平上。

(6)土工布搭接长度一定要保证不小于《道路排水与防护工程施工学习任务书》附录15中的规定值,施工过程中,要保持土工布的清洁,并做好渗沟顶部的封(压)顶工作。

(7)反滤集料的结构设计应满足《道路排水与防护工程施工学习任务书》附录23中的相关要求。

(8)渗沟出口按相应的设计方法处理,但必须保证出口流水顺畅,不产生冲刷、积水等危害。

2)质量检测

(1)施工过程中,每一道工序都应进行检查验收,验收合格后方可进行下一道工序的施工。

(2)施工结束后,应检查每道工序的验收资料是否齐全,并检查渗沟出口流水是否顺畅,是否产生冲刷、积水等危害。

(3)上述(1)、(2)项检查合格后,方可准予验收,否则应予以返工或补救。

学习情境3

涵洞工程施工

情境导入

涵洞主要是为宣泄地面水流(包括小河沟)而设置的横穿路基的小型排水构造物。涵洞是公路上广泛使用的一种人工建筑物。这种建筑物种类繁多,其截面形状、出入口类型、洞内水流流态也是多种多样的。

学习目标

【知识目标】 完成本学习情境的学习,学生能够熟练掌握涵洞工程的类型、结构、设计原理和工程量计算的方法;掌握涵洞工程常用材料的品种、技术要求和试验检测方法;掌握涵洞工程施工的工艺流程,熟悉涵洞工程施工准备工作,掌握施工组织的流程和具体内容;掌握路线中线、边线和纵断面高程的放样方法;掌握施工管理的程序和内业资料填写的要求;熟悉涵洞工程质量检测的原理,掌握质量评定的方法。

【能力目标】 学生能够正确地使用图纸;根据施工图的内容,确定各部分结构尺寸,计算出工程量;能够独立完成涵洞工程所用原材料的试验工作;能够合理地进行施工准备工作;掌握不同施工方法的工艺流程,并完成施工方案的设计;能够运用经纬仪、全站仪和水准仪等测量仪器进行涵洞工程放样工作;合理地组织施工,完成相关的内业资料填写;并能够独立地完成涵洞工程的质量检测和评价,填写质量检验评定资料。

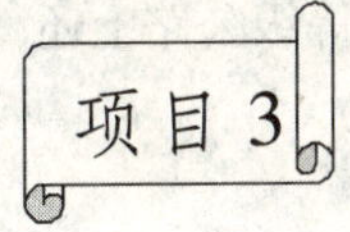

涵洞工程施工

项 目 引 导

涵洞是横穿路基的小型泄水构筑物,用于跨越天然沟谷洼地排泄洪水,或用于横跨大小道路作为人、畜和车辆的立交通道,或作为水渠用于农田灌溉。

任务1 识读涵洞工程施工图

一、涵洞的组成

涵洞主要由洞身、基础、端墙和翼墙组成(图3-1)。洞身由若干管节组成,是涵洞的主体。它埋在路基中,具有一定的纵向坡度,以便排水;端墙和翼墙位于入口和出口及两侧,起挡土和导流作用,同时还可以保护路堤边坡不受水流冲刷。

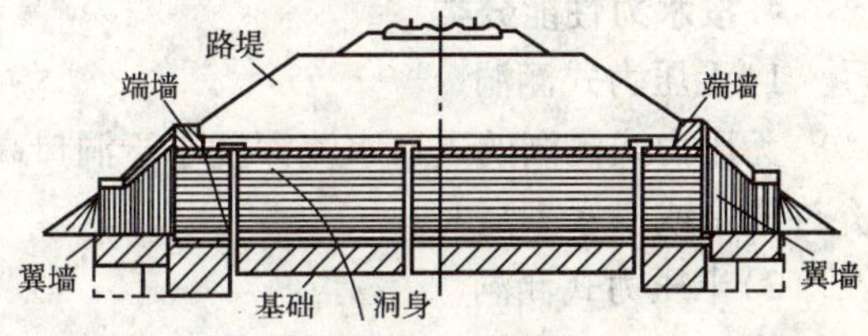

图3-1 涵洞组成

涵洞一般横穿路堤下部,多数洞顶有填土,采用单孔或双孔。

二、涵洞的类型

1.按建筑材料分类

1)石涵

石涵包括石盖板涵和石拱涵。石涵造价低、养护费用少,节省钢材和水泥,在产石地区应优先考虑采用石涵。石拱涵是公路上应用最广泛的涵洞形式。

2)混凝土涵

混凝土涵可现场浇筑或预制成拱涵、圆管涵和小跨径盖板涵,这种涵洞节省钢材,便于预制,但损坏后修理和养护较为困难。

3)钢筋混凝土涵

钢筋混凝土涵可用于管涵、盖板涵和箱涵。其优点是坚固,经久耐用,养护费用少。钢筋混凝土管涵、盖板涵安装运输便利,但耗费钢材较多,预制工序多,造价较高。

4)其他材料涵洞

其他材料涵洞有陶瓷管涵、铸铁管涵、钢波纹管涵、砖涵、石灰三合土拱涵等。

2.按构造形式分类

1)管涵

管涵的受力性能和对地基的适应性能较好。管涵不需墩台,圬工数量少,造价低,适用于有足够填土高度的小跨径暗涵。

2）盖板涵

盖板涵构造简单，易于维修，有利于在低路堤上修建，一般按明涵设计，在高等级公路上还可以作为被交线通道使用。

3）拱涵

拱涵适宜于路线跨越深沟或建高路堤时采用。一般设计为暗涵，在山区和石料丰富地区广泛采用。其承载能力大，砌筑技术容易掌握，造价低，缺点是自重引起的恒载大，对地基承载要求高，施工工序繁多，进度较慢。

4）箱涵

箱涵整体性强，适宜于软土地基，但用钢量多，造价高，施工较为困难。

3. 按洞顶填土高度分类

1）明涵

洞顶不填土或填土高度小于0.5m时称为明涵。适用于低路堤、浅沟渠。盖板涵一般都采用明涵形式。

2）暗涵

洞顶填土高度大于或等于0.5m时称为暗涵。适用于高路堤、深沟渠，一般拱涵、管涵都是采用暗涵形式布置。

4. 按水力性能分类

1）无压力式涵洞

无压力式涵洞的进口水流深度小于洞口高度，水流流经全涵保持自由水面，适用于涵前不允许壅水或壅水不高时。

2）半压力式涵洞

半压力式涵洞的进口水流深度大于洞口高度，但水流仅在进口处充满洞口，在涵洞其他部分都是自由水面。

3）有压力式涵洞

有压力式涵洞的涵前壅水较高，全涵充满水流，无自由水面，适用于深沟高路堤。

4）倒虹吸管

倒虹吸管的路线两侧水深都大于涵洞进出水口设置竖井，水流充满全涵身，适用于横穿路线的沟渠水面高程基本等于或略高于路基高程的情况。此类涵洞属有压力式，且涵洞中常年有水，易于堵塞和冒水浸泡路基，在选线时应尽可能避免，通常当灌溉渠横跨公路，比路面高，又达不到设渡槽的净空高度时，不得已才采用这类涵洞。

5. 按涵洞与路线的夹角分类

按涵洞与路线的夹角分类，分正交与斜交两种，斜交涵洞又分斜交斜做和斜交正做两种形式。盖板涵、箱涵一般采用斜交斜做。拱涵和圆管涵若与路线斜交，为改善受力和施工方便一般采用斜交正做。

三、常见涵洞类型的构造简介

1. 拱涵

拱涵由洞身、出入口端墙、翼墙和出入口铺砌组成（图3-2）。适用于跨越深沟或高路堤。洞身又分为拱圈、边墙（双孔的还有中墩）及基础三部分。拱圈一般采用最小厚度为40cm的等截面圆弧，边墙及中墩用以支承拱圈，边墙内侧为竖直面，外侧为适应拱脚较大水平力而设有斜坡；基础根据孔径大小一般采用整体式或分离式；洞身全长一般不做成整体，而是用沉降缝将洞身分割为若干涵节，以适应不同基底应力导致不均匀下沉产生的不规则断裂。拱涵的出入口均设有端墙和翼墙，作用是保证水流顺畅流入洞内，防冲、防渗及维护路堤的稳定。此外，为防止对出入口基础及路堤的冲刷，在其一定范围内的沟床还应进行铺砌加固。图 3-3 为某拱涵实例。

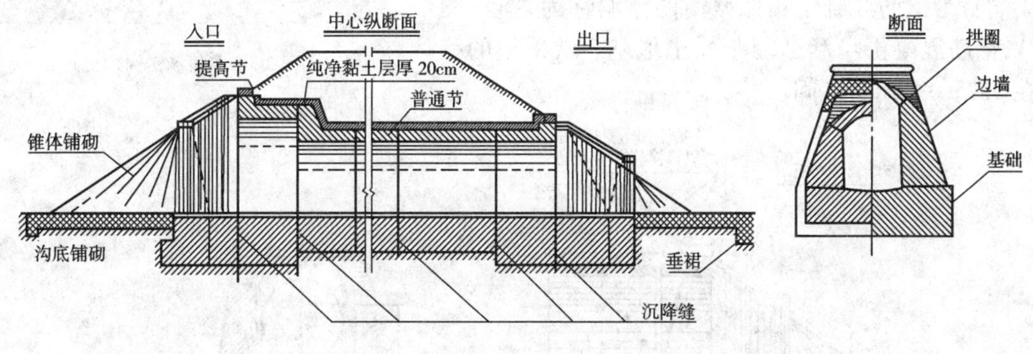

图 3-2 拱涵构成

2. 盖板涵

洞身以钢筋混凝土板、石板等作为顶盖的涵洞称为盖板涵。钢筋混凝土盖板涵适用于无石料地区且过水面积较大的明涵或暗涵。石盖板涵适用于石料丰富且过水流量较小的小型涵洞。盖板涵构成见图 3-4。

图 3-3 拱涵实例

盖板为梁式结构，其边墙尺寸较拱涵小，工程量节省；盖板箱涵内过水面积比同孔径的拱涵大，排水能力较拱涵为强；高路堤采用盖板涵时，其盖板跨中弯矩要增大，不如拱涵经济，故盖板涵一般只适用于低路堤。盖板涵实例见图 3-5。

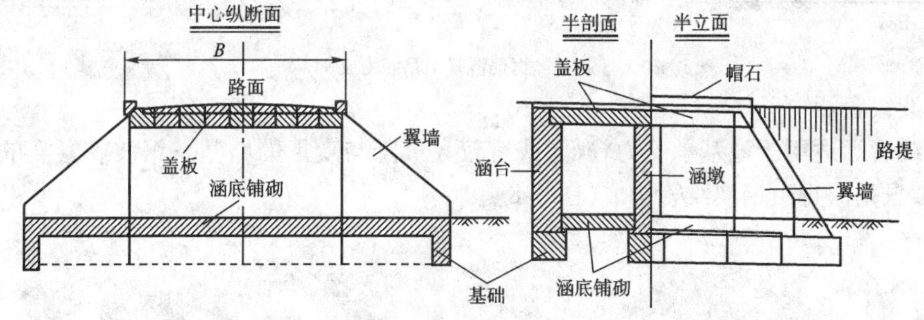

图 3-4 盖板涵构成

3. 管涵

钢筋混凝土管涵适用于缺少石料地区、有足够填土高度的小跨径暗涵，一般采用多孔时不宜超过 3 孔。

洞身由钢筋混凝土圆管构成（图 3-6），管节形状均较简单，基础工程也较简易，又可在成品厂集中预制。但其过水面积远较拱涵、箱涵为小，泄洪能力差，更不适用洪水夹石块的河沟，也不宜用作立交涵或人工灌溉渠道。另外,圆管涵顶填土越高,孔径越大,不仅运输安装不便,而且工程量增大,因此,常用的管涵孔径一般小于2.5m,填土高度不大于15m。所以管涵适用于孔径小且沙石料缺乏的地区。

图3-5 盖板涵实例

4. 箱涵

洞身为钢筋混凝土箱形截面的涵洞称为箱涵(图3-7),钢筋混凝土箱涵适用于软土地基。常采用的跨度在0.75 ~ 3.00 m间。

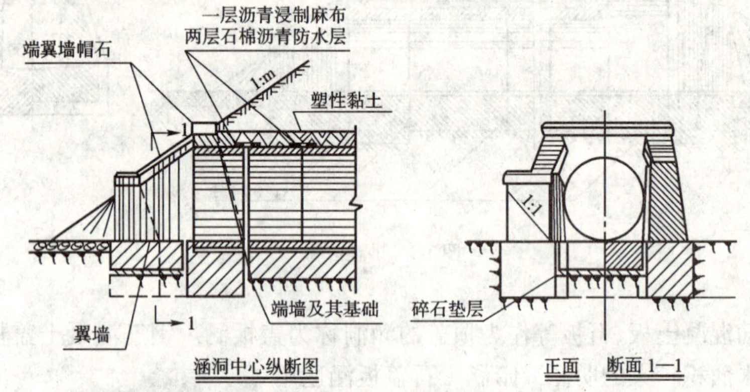

图3-6 管涵构成

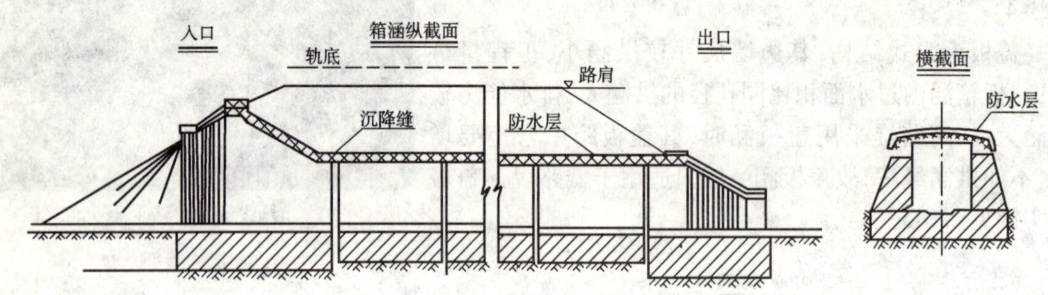

图3-7 钢筋混凝土箱涵构成

5. 钢波纹管涵

钢波纹管涵适用于地基承载力较低,或有较大沉降与变形的路基。钢波纹管涵的构成与管涵相同,只是洞身由钢波纹管构成(图3-8)。

图3-8 钢波纹管涵

进、出洞口都被水流淹没，洞身涵长范围内全断面过水且洞内顶部承受水头压力的涵洞称为压力式涵洞。半压力式涵洞是指进口被水流淹没，洞身内只有部分段落承受水头压力的涵洞。洞身全长的水流处于无压流动状态下的涵洞则为无压力式涵洞。对于路基两侧水流都高于涵洞进、出水口，且靠水流压力通过形似倒虹吸的涵洞称为倒虹吸涵。

新建涵洞应采用无压力式涵洞。当涵前允许积水时，可采用压力式或半压力式；当路基顶面高程低于横穿沟渠的水面高程时，也可设置倒虹吸管涵。倒虹吸管涵适用于路堑挖方高度不能满足设置渡槽的净空要求时的灌溉渠道，不适用于排洪河沟。

任务2　涵洞工程数量计算

一、涵洞工程数量计算一般要求

我国工程项目的设计程序一般采用三阶段设计，即工程可行性研究、初步设计和施工图设计。对于技术简单、方案明确的小桥可采用一阶段设计，即一阶段施工图设计，以扩大的初步设计来包含两阶段设计内容。在施工图设计中，每座小桥涵都需计算工程量，以便编制概（预）算和工程量清单文件。

1. 工程数量单位

小桥涵工程数量通常用圬工体积和圬工表面积来表示，它是编制概（预）算和施工组织计划的依据。

工程数量是按工程各部分分别进行计算的。各部分的工程名称应采用有关规定、规程和规范采用的统一名称，并与概（预）算定额的项目一致。工程数量及材料数量所用单位及小数位数应按表3-1规定采用。

工程数量取用位数　　表3-1

工程材料项目	单　位	取用位数		单　位	总表取用位数
		明细表	部分汇总表		
混凝土、圬工	m^3	小数后两位	小数后一位	m^3	整数位
石方、土方	m^3	整数位	整数位	m^3	
钢筋长度	m	小数后两位	小数后一位	m	
钢筋质量	kg	小数后一位	整数位	t	
型钢、铁件等质量	kg	小数后一位	整数位	t	
预应力筋长度	m	小数后一位	整数位	m	
预应力筋质量	kg	小数后一位	整数位	t	
木材	m^3	小数后两位	小数后一位	m^3	
模板	m^2	整数位	整数位	m^2	
防水层	m^2	整数位	整数位	m^2	
勾缝面积	m^2	整数位	整数位	m^2	
石灰土、砂	m^3	整数位	整数位	m^3	
生石灰	t	小数后两位	小数后一位	t	
石油沥青	t	小数后两位	小数后一位	t	

2. 工程细目

根据公路工程施工图设计及预算的要求，石拱桥(涵)及钢筋混凝土板涵的工程细目如下。

1)石拱桥(涵)

(1)浆(干)砌块(片)石拱圈；

(2)浆(干)砌块(片)石台身；

(3)浆(干)砌块(片)石台基；

(4)浆(干)砌块(片)石墩身；

(5)浆(干)砌块(片)石墩基；

(6)浆砌片石护拱；

(7)浆砌块(片)石洞身铺砌；

(8)浆砌块(片)石洞口；

(9)浆砌粗料帽石；

(10)浆砌粗料栏杆；

(11)挖基土(石)方；

(12)拱上及台背填料。

2)钢筋混凝土板涵

(1)钢筋混凝土盖板；

(2)浆砌块(片)石台身(或混凝土台身)；

(3)浆砌块(片)石台基(或混凝土台基)；

(4)混凝土台帽；

(5)混凝土支撑梁；

(6)浆砌块(片)石洞身铺砌；

(7)浆砌块(片)石(或混凝土)洞口；

(8)钢筋混凝土栏杆(或石砌栏杆)；

(9)挖基土石方。

一般涵洞设计，选用标准跨径后，其细部尺寸及工程数量均可套用相应的标准图。使用标准图时应注意以下几点：

①计算荷载应与标准图一致，不能大于标准图的规定。

②混凝土强度等级、石料强度等级、地基承载力等不能低于标准图的要求，否则应进行强度验算。

③当设计的涵洞墙身高与标准图不一致时，应选用标准图上大一级墙身所对应的各部分尺寸。

④当有些工程数量无法从标准图上查得时，应通过计算确定，计算公式可从相应的桥涵设计规范查得。

其中，涵洞长度计算、洞口建筑工程数量计算及拱涵的圆弧拱侧墙工程量计算和护拱体积计算、拱体填料体积、拱圈体积、拱圈两侧及拱腹勾缝面积、涵墩体积计算详见《公路小桥涵勘测设计与示例》一书。

相关链接

某项目预算原始数据见表3-2。

原始数据表 表 3-2

建设项目:111 > 111

编制范围:K0 + 000 ~ K5 + 000 第 页 共 页

编号	名称	单位	工程量	费率号	备注
1	第 100 章至第 700 章合计		0.0		
11	盖板涵	m	11.0		
4-1-1-1	土方干处基坑深 3m 以内	1 000m^3	0.011	08	
4-11-5-1	填砂砾(砂)	10m^3	0.1	08	
4-11-5-2	填碎(砾)石	10m^3	1.1	08	
4-7-9-2	混凝土跨径 8m 以内	10m^3 实体	1.1	08	
4-7-9-3	钢筋	1t 钢筋	11.0	13	
4-7-10-2	起重机安装矩形板	10m^3 构件	1.1	08	
4-8-3-10	起重机装卸 4km(10t 以内)	100m^3 实体	0.11	03	
4-6-3-2	墩、台帽混凝土非泵送钢模	10m^3 实体	1.1	08	
4-6-3-9	桥(涵)台帽钢筋	1t	11.0	13	
4-6-2-49	薄壁墩非泵送混凝土高 10m 以内	10m^3 实体	1.1	08	
4-6-2-56	薄壁墩钢筋主筋连接方式钢筋焊接连接 20m 以内	1t 钢筋	11.0	13	
4-6-4-9	耳背墙混凝土	10m^3 实体	1.1	08	
4-6-4-13	耳背墙钢筋	1t	11.0	13	
4-6-3-9	桥(涵)台帽钢筋	1t	11.0	13	
4-6-1-7	承台混凝土起重机配吊斗无底模	10m^3 实体	1.1	08	
5-1-6-1	混凝土预制块、席块护坡预制混凝土	10m^3	1.1	08	
5-1-6-2	混凝土预制块、席块护坡铺砌混凝土席块	100m^2	0.11	08	
4-8-3-1	人工装卸 4km(4t 以内)	100m^3 实体	0.11	03	
4-5-2-9	锥坡、沟、槽、池	10m^3	1.1	08	
5-1-15-7	浆砌片、块石墙身片石	10m^3 实体	1.1	08	
借预补 4-22-1	混凝土人行踏步	10m^3	1.1	08	
6-1-2-3	现浇混凝土墙体混凝土	10m^3 实体	1.1	08	
6-1-2-4	现浇混凝土墙体钢筋	1t	11.0	08	
1-1-7-2	夯土机夯实	1 000m^3 压实方	0.011	02	

任务 3 盖板涵施工

盖板涵施工以下列工程项目为例,对其施工方案进行详述。

工程项目:连接线 K0 + 857.3 处 2-3 × 3m 盖板涵。

施 工 方 案

一、工程概况

连接线 K0 + 857.3 盖板涵,用于排水;涵洞长 15.48m,孔径为 2-3.0 × 3.0m,斜交 45°,进出口形式均为挡土墙。

本涵洞基础为 C20 混凝土,台身为 C20 混凝土,盖板为 C30 钢筋混凝土,涵底纵坡为 0,要求地基承载力不小于 200kPa。

主要工程数量:Ⅱ级钢筋 3474kg;Ⅰ级钢筋 477kg。

C30 混凝土:25.6m^3,C25 混凝土:272.5m^3。

二、施工组织及计划

1. 材料的组织计划

(1)水泥:采用虎山牌32.5级普通硅酸盐水泥。

(2)砂:采用永嘉本地砂场河沙,经试验界定为中砂;采掘量稳定,可满足施工用料需要。

(3)碎石:拟采用永嘉本地碎石场碎石,经试验该碎石的力学性能合格,级配合理,产量稳定,可满足施工用料需要。

(4)钢材:拟采用永钢等钢材,经取样试验,材料的各项指标合格,已与厂方签订供货协议。

2. 材料的施工准备

(1)原材料堆放场地地面硬化,并分区堆放。

(2)细集料选择颗粒坚硬、强度高、耐风化的天然砂构成。细集料的细度模数和级配情况符合规范要求。细集料的压碎指标应不大于35%。粗集料选择符合级配的卵石、砾石或碎石。粗集料的最大粒径以不超过结构物最小尺寸的1/4和钢筋最小净距的3/4控制。片石的厚度尺寸不小于150mm。镶面石料选择尺寸稍大并具有较平整表面的石材,并稍加粗凿。块石应大致方正,上、下面大至平行。石料厚度200~300mm,石料宽度及长度应分别为石料厚度的1~1.5倍和1.5~3.0倍。石料的尖锐边角应凿除。

(3)混凝土的配合比设计由工地试验室进行设计,并在混凝土浇筑前35d完成。并将试验结果上报监理工程师。混凝土施工时,由试验室派试验人员现场测量集料的含水率,并根据含水率的多少、施工气温的高低,确定施工时的水灰比。集料含水率每工作班至少测定两次,天气变化较大时,增加检测次数。

3. 人员的组织计划

钢筋工:焊接1人,钢筋制作安装工4人,共5人;模板工:6人;混凝土工:10人(含普工在内)。

4. 机械组织计划

(详见进场设备报验单。)

5. 工期计划

计划开工日期2007年5月20日,完工日期2007年7月5日,工期总共45d。

三、施工工序与方法

1. 施工工序

盖板涵施工工序如下:

测量放样→基坑开挖→基底检测验收→基础模板安装验收、混凝土浇筑→养生→台身模板→支架安装验收、混凝土浇筑→养生→盖板预制、吊装→台背回填。

2. 施工方法

1)测量放样

先校对设计图纸、资料,用全站仪对施工中线桩进行测定,并用水准仪对高程进行测设,然后按图纸要求准确地定出涵洞基础平面位置、轴线及高程桩,至基坑外设置牢固又不受路基填筑影响的轴线控制桩。报请监理工程师检测,检测合格批准后进行下一步工序施工。

2)基坑开挖

基坑开挖采用人工与机械开挖相结合的方法,在基坑放样检查批准后,便组织人员与机械对基坑进行开挖。开挖前，在通道上游开挖范围外的适当距离挖截水沟，将渗水引开，当开挖面形成后，设引水沟将渗水引至截水沟排走。截水沟要随开挖进度而不断加深。基坑应放坡开挖，坑壁坡度根据土质类型采用不同坡率，本盖板涵采用1:1.5的坡率全断面开挖。为方便基底排水，基底应比基础的平面尺寸增宽0.5～1.0m。为防止破坏原状土而影响地基承载力，在距设计高程约30cm后停止使用挖掘机而用人工突击挖除，并进行修整、夯实，检验基坑几何尺寸是否符合设计要求，并检验地基承载力是否达到设计要求。如基底承载力不足应及时通知监理工程师现场查看，再作处理。基坑开挖好以后，对基底平面位置、尺寸大小、基底高程进行复核并报监理检测。检测合格后，再进行下部工序施工。

3）模板安装及加固

模板采用组合钢模拼装而成，钢模板的面板变形为1.5mm。模板不应与脚手架连接（模板与脚手架整体设计时除外），避免引起模板变形。

安装侧模板时，应防止模板移位和凸出。基础侧模可在模板外设立支撑固定，纵横间距为1.0m×1.0m。台身模板在模板内侧设置纵横向1.0m×1.0m的$\phi 12$对拉杆，以抵抗混凝土对模板的侧压力，外置组合钢管脚手架以确保稳定。

浇筑混凝土之前，模板应涂刷脱模剂，外露面混凝土模板的脱模剂应采用同一品种，不得使用废机油等油料，且不得污染钢筋及混凝土的施工缝处。

重复使用的模板、支架应经常检查、维修。

4）混凝土浇筑

（1）基础混凝土浇筑。经检验地基承载力不小于设计要求后，放线立基础模板，自检合格并经监理工程师抽检合格后浇筑基础混凝土。浇筑混凝土时，地基表面不允许有积水。为保证混凝土成形后的光泽度，模板表面要涂刷脱模剂，模板涂抹脱模剂后用彩条布进行覆盖，防止灰尘及其他杂质黏附模板。浇筑基础混凝土前先清除基坑内浮土与杂质，同时应注意预埋台身的补强钢筋。

由于基础混凝土体积较大，要分层分块浇筑，每层控制在30cm内，振动器移动间距不应超过振动器作用半径的1.5倍，与侧模应保持5～10cm的距离，插入下层混凝土5～10cm；振捣时应该“快插慢提”。每一层混凝土应在下层混凝土初凝前完成上层混凝土浇筑，上下层同时浇筑时，上层与下层前后浇筑距离应保持在1.5m以上。分块时，各分块平均面积不宜小于50m^2，块与块间的竖向接缝面应与基础平截面短边平行，与截面长边垂直。上下邻层混凝土间的竖向接缝，应错开位置做成企口，并按施工缝处理。大体积浇筑应在一天中气温较低时进行，应注意控制混凝土的水化热温度。

（2）台身混凝土的浇筑。该涵洞长15.48m，台高3m。先绑扎台身补强钢筋，然后立台身模板，经过检查合格后浇注成形。浇筑时按设计每4～6m埋设一道沉降缝，缝宽度2cm，嵌缝采用沥青麻絮或其他不透水弹性材料填塞。模板间的接缝用双面胶带粘贴以防漏浆，模板表面要涂刷脱模剂，模板涂抹脱模剂后用彩条布进行覆盖，防止灰尘及其他杂质黏附模板。在施工中需注意：当倾落高度超过2m时，应通过串筒等设施下落料，出口堆落混凝土不大于30cm。

混凝土应按一定厚度、顺序和方向分层浇筑，应在下层混凝土初凝前完成上层混凝土浇筑。上下层同时浇筑时，上层与下层前后浇筑距离应保持在1.5m以上。在倾斜面上浇筑混凝土时，应从低处开始逐层扩展升高，保持水平分层。混凝土分层浇筑厚度不宜超过30cm。浇筑混凝土使用插入式振捣器时，移动间距不应超过振捣器作用半径的1.5倍；与侧模应保持

5～10cm 的距离；插入下层混凝土 5～10cm；振捣时应该"快插慢提"。对每一振动部位，必须振捣到该部位混凝土密实为止，其标志是混凝土停止下沉，不再冒出气泡，表面平坦、泛浆。浇筑期间应设专人检查支架、模板稳定情况。浇筑完成后开始养生，养生期至少 7d。

5）盖板预制及安装

（1）在场内建设预制场，包括存放场、搅拌站和钢筋车间。预制场必须整平压实，料场地面硬化。

（2）盖板在预制场专用台座上预制，达到强度后移至通道处起吊存放或安装架设，预制时注意预设吊点，并注意预埋栓孔位置要正确。

（3）待台帽强度达到 80% 以上后，方可开始安装，安装采用人工配合吊机提升铺设。

（4）盖板安装架设就位后，即将盖板与涵台间的接头用 C30 水泥砂浆填满。

6）其他工序施工

沉降缝设在接缝处，宽度为 2cm。两端垂直，平整，上下左右不得交错。嵌缝采用沥青浸过的平整泡沫板填塞，外用沥青麻絮、油毛毡等不透水材料填塞密实。

盖板涵施工工艺流程见图 3-9。

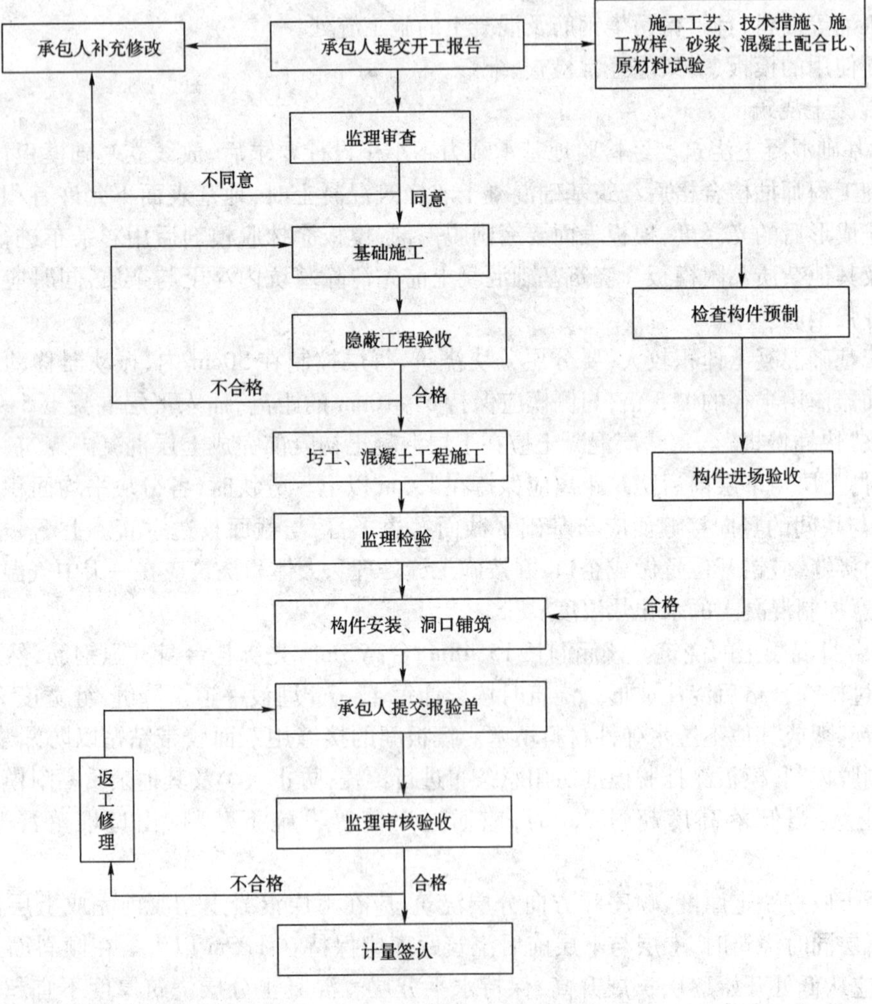

图 3-9　盖板涵施工工艺流程

7)涵背填土

(1)涵背填料采用渗水性的级配砂砾回填。

(2)涵台身强度达到设计强度的75%以上时方可进行填土。

(3)涵背回填范围，在涵身两侧不小于两倍孔径范围内用级配砂砾对称分层填筑。

(4)涵背回填应两侧同时进行，两侧对称均匀填筑，以防涵身受力倾斜。

(5)涵背填土，必须分层填筑压实，松铺厚度不大于15cm，填料严格控制含水率，从填方基底至路床顶面压实度必须≥95%。压路机达不到的地方，使用小型机具压实。

(6)填筑涵背时，各层填料连续进行，避免积水，在填筑过程中，要特别注意不要损坏构造物。

四、质量控制方法及保证措施

1. 质量控制措施

(1)实行施工人员定员定岗制，发现质量问题及时处理。

(2)材料实行专人验收，如有材料不合要求，拒绝验收使用。

(3)关键工序及隐蔽工程实行专业技术人员全过程旁站或施工的技术交底。

(4)试验室实行专人负责制及提供地质、材料、石、混凝土、砂浆配合比资料，砂砾、水泥、粗集料、细集料分别用质量比进行计量入料，并派专人经常深入工地检查落实及取样试验。

(5)测量组专人负责，及时放样复测并进行资料整理，直到核对无误为止。

(6)项目经理部实行质检定员制，每日巡查抽检工地质量情况。自检合格后监理检测验收。

2. 关键工序的质量保证措施

1)施工放样

由经理部测量组专用全站仪按通道中心坐标进行基础放样，轴线及边角打设控制桩，并设置保护桩，以便在施工过程中可以很好地控制通道位置。控制桩及保护桩采用木桩，桩长不小于50cm，桩顶钉铁钉以精确控制。

2)基坑开挖

人工配合机械进行基坑开挖，开挖采用1∶1.5的坡度全断面开挖。在通道上游开挖范围外的适当距离挖截水沟，将渗水引开，当开挖面形成后，设引水沟将渗水引至截水沟排走。截水沟要随开挖进度而不断加深。挖掘机开挖至距坑底30cm时，做好排水和基础施工准备工作。人工挖除剩余土方，并进行整平夯实至规范要求。

3)混凝土浇筑施工

(1)浇筑基础时应注意预埋台身的补强钢筋。

(2)在台身施工中应注意当倾落高度超过2m时，应通过串筒等设施下落料，出口堆落混凝土不大于30cm。混凝土分层浇筑厚度不宜超过30cm。对每一振捣部位，必须振捣到该部位混凝土密实为止，其标志是混凝土停止下沉，不再冒出气泡，表面平坦、泛浆。

(3)盖板的预制场地必须平整压实，料场地面硬化。盖板在预制场专用台座上预制，达到强度后移至通道处起吊存放或安装架设，预制时注意预设吊点，并注意预埋栓孔位置要正确。盖板安装架设就位后，即将盖板与涵台间的接头用C30水泥砂浆填满。

(4)当全部盖板就位后并且填缝混凝土强度达75%后进行台背后填土。填土采用透水性较好的砂性土分层填压，压实度≥95%。为避免土压力对涵洞台身的不利影响，左右台身必须同时同步填筑。

五、安全保证措施

1. 工程项目的安全管理与环境管理

(1)工程项目施工的安全管理。加强现场管理,做好工程的保卫、防盗工作;做好永久工程和临时工程的安全工作,防止发生安全事故;制订安全生产组织措施,并制订严密的安全生产规程;留有足够的安全生产费用,购置安全生产设备和器件,保证施工生产现场紧急事故处理的开支。

(2)加强安全生产教育和预防措施,为施工人员办理保险,并制订以下预防措施,以保证员工的安全健康。

①对于施工现场处于交通要道处的工程,应派专人看守,或有明显的标志,防止过往行人或车辆不注意而发生事故。

②项目经理亲自抓安全生产和安全教育,定期召开安全生产会议,检查安全生产规章的执行落实情况,建立安全生产奖罚制度,促使人人重视安全,安全生产有奖,使安全生产教育落到实处。

(3)加强工程中的环境保护管理,以促进安全生产;随时清除施工场地不必要的障碍物、设备、材料及各类存储物品,安全堆放并井井有条。这样做,既保持了施工现场环境的清洁整齐,又对安全生产有利。

自觉遵守有关机构对卫生及劳动保护的要求。减少由于不符合环境规定而导致的罚款和经济损失,创造良好的文明施工环境。

2. 保证安全的主要措施

为杜绝重大事故和人身伤亡事故的发生,把一般事故减少到最低限度,确保施工的顺利进展,特制订安全措施如下:

(1)建立安全保证体系,项目部和各施工队设专职安全员,专职安全员属质检办,在项目经理的领导下,履行保证安全的一切工作。

(2)利用各种宣传工具,采用多种教育形式,使职工树立安全统一的思想,不断强化安全意识,建立安全保证体系,使安全管理制度化、教育经常化。

(3)各级领导在下达生产任务时,必须同时下达安全技术措施,检查工作时必须总结安全生产情况,提出安全生产要求,把安全生产贯彻到施工的全过程中去。

(4)认真执行定期安全教育、安全检查制度,设立安全监督岗,支持和发挥群众安全人员的作用,对发现事故隐患和危及到工程、人身安全的事项,要及时处理,作出记录,及时改正,落实到人。

(5)施工前向员工进行安全技术交底。对临时结构进行安全设计和技术鉴定,合格后方可使用。

3. 安全管理制度

1)安全管理

(1)建立、健全各级各部门的安全生产责任制,责任落实到人。各项经济承包有明确的安全指标和包括奖惩办法在内的保证措施。有劳务使用和机械租用安全生产协议书。

(2)工人掌握本工种操作技能,熟悉本工种安全技术操作规程。

(3)施工组织设计有针对性的安全技术措施,经技术负责人审查批准。

(4)进行全面的针对性的安全技术交底,接受交底者履行签字手续。

(5)安全检查有记录,对查出的隐患应及时整改,做到定人、定时间、定措施。

(6)班组"三上岗、一讲评"活动,班组在班前须进行上岗交底。对班组的安全活动,要有考核措施。

(7)遵章守纪、佩戴标记。

2)各类施工机械安全措施

(1)项目部机务办对工地所有机械统一定期进行安全检查,发现问题及时解决,消除不安全的因素。

(2)各种机械设备均要制定安全技术操作规程,并认真检查落实情况。

(3)机动车严禁无证驾驶、酒后驾驶,非机动机械需持操作证操作机械。

(4)定期检查机械设备的安全保护装置和安全指示装置,以确保以上两种装置齐全、灵敏、可靠。

(5)机械操作人员必须听从施工人员的正确指挥,精心操作。但对施工人员违反操作规程和可能引起危险事故的指挥,操作人员有权拒绝执行,并及时向工地负责人反映。

六、环保措施及文明施工

1. 环保措施

深入贯彻执行《土地管理法》、《水污染防治法》、《防洪法》等相关法律条文,根据“因地制宜、就害为利”,“重点治理与一般防治兼顾”的原则,布设各项水土保护措施,做到工程措施、植树种草的生物措施以及复垦利用措施相结合,治沟与治坡、防护治理与利用相结合。

项目部对施工环保、水土保护工作负全责,其职责是:监督检查各部门环保工作措施的落实情况,检查环保措施是否有效、全面,是否存有隐患,进行宏观控制。各部门负责制定具体的施工环保措施、工作制度,并检查各队的执行情况,及时上报环保工作动态和指导下级工作。施工队长负责执行各项环保措施的落实工作,检查工班环保员的工作是否到位,效果是否满足环保措施要求。工作上一级保一级,确保环保工作不流于形式,使各项环保措施落实到位。

深入开展广泛的宣传教育工作,采用编写环保宣传教育资料、放录像专题片、悬挂宣传标语牌等多种形式,宣传党和国家及各级政府关于环保工作的方针和政策、法律、法规以及环境保护的重大意义,切实提高思想认识,强化环保意识。本着对人类负责,下决心把施工环保、生态保护工作做好。使参加施工的全体员工自觉保护工区的一草一木。

2. 文明施工

为了加强施工现场管理,使施工现场布置整齐、有序,做到文明施工,并树立良好的企业形象,现场实行标准化管理。

(1)在施工现场设立显示牌,写明分项工程概况、作业工班施工人数,明确施工工序、项目施工负责人、项目技术负责人、项目安全负责人、项目质量负责人、施工队长等。

(2)加强对全体人员的文明施工思想教育,严格遵守国家、政府和当地有关部门有关法律、法规、政策、条例和规定,杜绝违法、违纪、暴力等妨碍社会治安和社会秩序的行为发生。与当地政府部门建立良好的关系,与兄弟施工单位和当地群众建立良好的关系,做到融洽相处。真正做到文明施工,给当地政府和群众留下美好的印象。

任务4 其他类型涵洞施工

一、圆管涵施工

利用路堤作为施工便道和场地,半幅施工,半幅通车。圆管涵的施工,原则上采用先填

1 ~2m 后用挖掘机开挖基槽进行施工的方法。在业主同意的定点厂家购买管涵。

1. 施工准备

(1)涵洞开工前,向工程师提交本工程施工组织设计和开工报告,经工程师批准后开始施工。

(2)测量放样。按图纸设计的平面位置、高程及几何尺寸,进行施工放样。

2. 基坑开挖

(1)将基坑控制桩延长于基坑外 2m 加以固定。

(2)基坑开挖应保持良好的排水,在基坑外深挖集水井以利基础底面排水彻底。

(3)基坑应开挖至距设计高程 20cm 处时,然后人工挖除剩余 20cm 土,以免机械扰动基底土。

(4)基坑开挖后应检验地基承载力,合格后,妥善修整,在最短的时间里铺垫层及浇筑基座。若承载力达不到要求,应按监理工程师的指示进行基底处理。

3. 圆管涵施工方法

(1)采购经监理和业主指定或认可的厂家的圆管涵。

(2)混凝土基座:基坑开挖后,应先进行装模,待模板安装完成并经监理工程师验收合格后,方可进行混凝土浇筑。混凝土采用现场集中拌和,30cm 为一层,进行摊铺、振捣、抹平。

(3)敷设:待基础混凝土强度达到 75% 以上时,开始安装管节,管节安装从下游开始,使接头面向上游,每节涵管应紧贴于基座上,所有管节应按正确的轴线和坡度敷设,如管壁厚度稍有不同,应使内壁齐平,在敷设过程中,应保持管内清洁无脏物。

(4)浇筑管壁处外侧混凝土,以固定涵管。

(5)接缝:涵管接缝宽度不大于 5mm,用沥青麻絮填塞接缝内外侧形成柔性封闭层,再用两层 15cm 宽的浸透沥青的油毡包缠接缝。

(6)洞口砌筑:砌体应分层坐浆砌筑,砌筑前应做好砂浆封面,然后再进行砌筑。砌筑完成后,应进行勾缝。

(7)回填土:回填材料采用批准的能充分压实的透水性好的材料,分层、对称回填,每层厚度不大于 15cm,第一层厚度控制在 30cm 左右,用振动夯夯实达到设计标准。

(8)管节外壁必须注明适用的管顶填土高度,相同的管节应堆置一处,以便于取用,防止弄错。

(9)管节的装卸及安装用吊具进行,不允许用滚板或斜板卸管。

圆管涵施工工艺有下列两种方法。

方法 1:

施工准备→施工测量放样→基坑开挖→夯铺砂砾垫层→浇筑基础→涵管安装→涵管接口→铺砌洞口浆砌片石→涵背回填→清理验收。

方法 2:

清理场地→ 基坑开挖 → 测量放样 → 基底整平→ 测量基坑高程→地基承载力检验→浇筑基座混凝土→安装圆管→圆管运输→混凝土拌和→混凝土运输→浇筑管壁外侧混凝土→监理检验→嵌缝→洞口铺砌→台背回填→验收分层压实→监理检验。

4. 台背、涵顶填土

涵洞完成后,当涵洞砌体砂浆或混凝土强度达到设计强度的 70% 时,方可进行回填土,回填土要符合质量要求,涵洞处路堤缺口填土从涵身两侧不小于 2 倍孔径范围内,同时水平分层，对称地填筑、夯（压）实。用机械填土时，除按照上述规定办理外，涵洞顶上填土厚度必须大于1m时，才允许机械通过，且在使用振动压路机碾压时，禁止开动振动源。严格控制分层厚度和密实度，设专人负责监督检查，检查频率每50m^{2}检验1点，不足50m^{2}时至少检验1点，每点都要合格，采用小型机械压实。回填土的分层厚度为0.1~0.2m。压实度全部要达到95%。

台背填筑施工工艺如下：

回填前清理→基底承载力检测→回填第一层料→备料→含水率测定→机械碾压→压实度试验→回填上层料→返工→不合格。

二、钢筋混凝土箱涵施工

1. 基础处理

采用人工配合机械开挖，开挖前注意做好防排水设施，开挖按变形缝设置跳槽开挖，必要时做好临时支护工作。

基底须整平夯实，并作基底承载力检测，若达不到150KPa，则需换填碎石或砂砾。基底满足设计要求承载力后，按设计要求立模施作混凝土垫层。

2. 底板及侧墙钢筋绑扎

在垫层上测量放线并画出钢筋布置大样及立模边线，然后绑扎底板及侧墙钢筋，绑扎侧墙钢筋时在外侧用钢管搭设临时支架以防钢筋笼变形。钢筋主筋保护层为3cm（墙身钢筋靠内模侧绑双峰式垫块），底板下层筋保护层为4cm，钢筋锚固长度为35d，搭接长度为42d，钢筋搭接接头百分率不大于25%。

3. 内支撑及内模施工

内支撑采用ϕ50钢管搭设，纵横向布距不大于1m，竖向布距不大于1.2 m，顶部用可调托撑顶纵梁，纵梁上布置横梁，横梁上为顶模。内支撑的横向钢管应与内侧模在横竖带节点处用钢管卡子连接（内外模的横竖带均采用双根钢管），起到横向内支撑作用。内模采用1.5m^{2}的大平面模板制作，表面要求光洁无错台，模板接缝加贴密封胶条。

4. 绑扎顶板钢筋、立外模

顶板钢筋底垫双峰式垫块，严格按规范及设计要求绑扎，支撑箍筋应适当予以点焊，保证上层钢筋网片不变形。

外模采用普通钢模板组拼，外模的固定采用ϕ16拉杆内外对拉，并以圆木或钢管辅助支顶。

5. 混凝土浇筑

采用商品混凝土，用吊车配合下料漏斗进行浇筑，插入式振捣棒振捣。

6. 变形缝处理

箱涵涵身每隔10~18m设变形缝一圈（包括基础），凡地基土质发生变化以及地基填挖交界处，均设置变形缝，缝宽2~3cm。变形缝橡胶止水带采用QZ5—400型橡胶止水带。箱涵在变形缝设置处，外围混凝土应加厚一圈，加厚尺寸为25cm。在变形缝设置处内侧镶嵌3cm厚油浸软木板，外侧填塞止水密封膏。为了保证整个变形缝竖直且在一个截面上，立模堵头处须立分离式两块模板（夹紧止水带），并与内外模板以螺丝杆连接，油浸木板对应中空管处用胶粘贴在堵头钢模上。

7. 箱涵两侧台背、涵顶填土

回填土与圆管涵相同。

三、石拱涵施工

1. 施工工序

石拱涵施工工序如下：

测量放样 → 基坑开挖 → 清理基底 → 浆砌块片石基础 → 浆砌块石台身 → 铺砌涵底 → 块石拱圈砌筑 → 安装盖板。

根据工程特点，施工时特别做到以下几点：

(1)地基充分、均匀地碾压密实，防止因不均匀沉降造成涵台身断裂；

(2)特别做好分段分次施工的连接，其分段部位设沉降缝处理；

(3)石拱涵台背填筑，在涵台及涵底部铺砌的砂浆强度达到70%以上，且块石拱圈砌筑后方可进行。在填筑时，两侧同时对称进行，并严格控制材料粒径及每层厚度、压实度，对于边角部位重型压路机无法碾压的地方，则采用蛙式打夯机进行反复夯打碾压，以确保台背填土密实。

2. 质量及安全保证措施

1)质量保证措施

(1)涵洞机械挖基时预留20cm人工开挖清理，达到设计高程后，检测其断面尺寸、承载力是否满足设计要求，经监理检查合格并签字后才可进入下道工序。

(2)对钢筋要检查其出厂证明，并进行抽检，合格后方可使用。钢筋在使用前进行调直、除锈、去氧化皮。电焊工必须持证上岗，焊接头要经过试验合格后才允许正式作业。

(3)钢筋在安装时必须采用钢筋限位，钢筋先画线后绑扎，竖向主筋和横向水平分布钢筋按照设计位置要求绑扎牢固，规范施工，严格保证钢筋的保护层厚度。

(4)混凝土施工脚手架及支撑要搭设牢固，模板做到横平竖直，杜绝跑模现象发生；捣固设专人进行作业，严格按分层厚度布点振捣，防止出现蜂窝、麻面。

(5)涵洞工程砌体圬工施工时，要认真选好石料，砂浆严格按照配合比拌制；采用挤浆法砌筑，层间搭接满足砌石规范要求；砌体要大面朝下，禁止立砌。砂浆饱满，灰缝统一采用凹缝。

(6)沉降缝、防水层严格按照设计以及施工规范要求施工，达到无渗漏。若发现渗水应及早返修。

(7)涵背填土严格按规范要求施工，两侧对称夯填。涵顶填土厚度大于1m时，方可允许施工机械通过，防止混凝土出现开裂等人为破坏。

2)安全保证措施

(1)施工现场必须设置配电箱，且进出电缆线要有套管，电线进出不混乱。严禁使用花线或塑料胶质线，导线不得随地拖拉或绑在脚手架上。

(2)现场机械设备严格按安全技术操作规程作业，杜绝违章作业，严禁酒后操作机械设备。

(3)开挖基坑时，应根据设计的边坡开挖，做好临时支护工作，防止塌方。配备抽水设备，防止因水浸泡引起边坡坍塌、漏电事故发生。

(4)模板安装时，内外要支撑牢固，捣固人员应戴绝缘防电手套；拆除模板时，应按规定的程序进行，模板、材料、工具不得直接往下扔。

(5)高空作业，必须系安全带，周围设防护栏，人员走动要小心，严禁患有恐高症、心脏病、近视眼的人进行高空作业。

(6)加强现场治安防护工作，施工现场的布置符合防火、防汛、防爆、防雷电等安全规定的要求。

(7)现场设置的照明灯具、护栏、围栏、警告标志经常维修，保持其正常使用功能，并在有危险地点悬挂规定的安全警示标牌。

学习情境 4

道路防护工程施工

情境导入

公路受自然环境的影响,会发生各种变形、病害甚至破坏。路基防护工程是防治路基病害,保证路基稳定,改善环境景观和生态平衡的必不可少的工程设施,是路基工程的重要组成部分。路基防护工程主要包括路基边坡的防护、冲刷防护。

学习目标

【知识目标】 完成本学习情境的学习,学生能够熟练掌握道路防护工程的类型、结构、设计原理和工程量计算的方法;掌握道路防护工程常用材料的品种、技术要求和试验检测方法;掌握道路防护工程施工的工艺流程,熟悉道路防护工程施工准备工作,掌握施工组织施工的流程和具体内容;掌握路线中线、边线和纵断面高程的放样方法;掌握施工管理的程序和内业资料填写的要求;熟悉道路防护工程质量检测的原理,掌握质量评定的方法。

【能力目标】 学生能够根据施工图的内容,确定各部分结构尺寸,计算出工程量;能够独立完成道路防护工程所用的原材料的试验工作;能够合理地进行施工准备;掌握不同施工方法的工艺流程,并完成施工方案的设计;能够运用经纬仪、全站仪和水准仪等测量仪器进行道路防护工程放样工作;合理地组织施工,完成相关的内业资料填写;并能够独立地完成道路防护工程的质量检测和评价,填写质量检验评定资料。

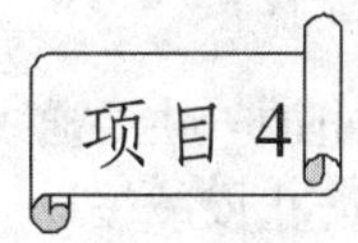

道路防护工程施工

项目引导

由岩、土填挖而成的路基,改变了原地层的天然平衡状态,路基建成之后,暴露在太阳下,加上风化、降水、冰冻、风沙等自然因素的侵蚀并直接承受填土作用,在各种错综复杂的自然因素及行车荷载的长期作用下,路基边坡的轮廓将发生变形,岩土的物理性质也会发生很大的变化,使路基的强度和稳定性受到影响。为保证路基的稳定和防治路基病害,除了做好路基排水外,还必须根据当地水文、地质及材料等情况,采取有效的措施,对各类土、石边坡及软弱地基予以必要的防护与加固。路基防护设施主要是以路基稳定为前提,防止冲刷和风化,起隔离作用。

路基防护与加固的目的，在于防止自然因素所引起的路基破坏和过量变形；同时稳定路基、美化路容，提高公路的使用品质。防护与加固工程重点在于路基边坡防护及湿软地基的加固。因此，应同路基稳定性及路基排水紧密结合，以保证路基的强度与稳定性。

路基防护与加固工程设施,按其作用不同,可分为边坡坡面防护、冲刷防护、支挡建筑物及湿软地基加固四大类。

(1)坡面防护。坡面防护主要用以防护易受自然因素影响而破坏的土质与岩石边坡。常用类型有植物防护、砌石防护和坡面处治。植物防护又称为“生命”防护,以土质边坡为主。砌石防护、坡面处治又称为“无机”防护,以石质路堑边坡为主。

(2)冲刷防护。冲刷防护用于防护水流对路基的冲刷与淘刷,可分为直接防护和间接防护两类。直接防护类型有植物防护、砌石防护与加固两种。间接防护主要指设置导治结构物,如丁坝、顺坝、防洪堤、拦水坝等,必要时进行疏浚河床、改变河道,以改变流水方向,避免或减缓水流对路基的直接破坏作用。

(3)支挡建筑物。支挡建筑物用以防止路基变形或支挡路基本体或山体的位移,以保证其稳定性。常用的类型有路基边坡支撑(挡土墙、土垛、石垛及其他具有承重作用的构造物)和堤岸支挡(沿河驳岸、浸水挡土墙)。驳岸与浸水挡土墙主要区别在于,前者主要起防水作用,后者既防水,又兼起支挡路基的土侧压力。

(4)湿软地基加固。湿软地基加固是用各种有效方法处治含水率高、孔隙比大、承载力低的湿软地基,以防路基沉陷、滑移或发生其他病害。

路基防护与加固工程中,一般把防止风化和冲刷,主要起隔离、封闭作用的措施称为防护工程。防护工程不能承受外力作用,所以要求路基本身必须是稳定的。把防止路基或山体因重力作用而坍滑,地基承载力不足而沉陷,主要起支承、加固作用的结构物称为加固工程。它们当中有些措施往往兼有防护与加固作用。

任务1　一般路基坡面防护工程施工

土坡表面最容易遭受降水的冲刷、冰冻的损毁和风沙的吹蚀。路基边坡坡面防护，主要通过对坡面封闭隔绝或隔离，避免或减缓与大气直接接触，阻止岩土进一步风化，防止或减缓地面水流对边坡的冲刷和侵蚀，从而达到防护边坡的目的。

坡面防护，主要是保护路基边坡表面免受雨水冲刷，减缓温差及湿度变化影响，防止和延缓软弱岩土表面的风化、碎裂、剥蚀演变过程，从而保护路基边坡的整体稳定性，在一定程度上还可兼顾路容美化，协调自然环境。常用的坡面防护设施有植物防护和工程防护。

一、植物防护

在适宜植物生长的地区，利用路基边坡培育植物，可以抵御自然降水和坡面径流的冲刷。植物防护主要适用于较缓的土质边坡，依靠成活植物的发达根系，深入土层，使表土固结，防止土壤水土流失。植物根、茎、叶可以调节表土的湿度，阻滞地表径流，防止或减缓冲刷，防洪保堤。在沙漠或积雪地区的路基两侧植树，可成为防砂栅和防雪栅。不同的植被，不仅可以调节边坡土的湿度，起到固结和稳定边坡的作用，还可起到交通诱导、安全、防眩、吸尘、隔音作用，同时美化路容，协调环境。因此，被视为“生命”防护的植物防护，在一定程度上优于无机物防护。植物防护，它对于坡高不大，边坡比较平缓的土质坡面，是一种简易有效的防护设施，其方法有种草、铺草皮和植树。

1. 种草

种草适用于边坡稳定、坡面冲刷轻微的适合草类生长的土质较好的路堤或路堑边坡。一般要求边坡坡度不陡于1:1，边坡地面水径流速度不超过0.6m/s。采用种草防护时，对草籽的选择应注意当地的土壤和气候条件，可以种植一些茂盛、生长力强、多年生长的草种，并尽量用几种草籽混种，使之生成一个良好的覆盖层。播种的坡面应平整、密实、湿润。在翻松的表土坡面，必要时铺不小于10cm厚的种植土层。如果气候条件允许，也可采用直接种植容易生长、根系发达、叶茎低矮或有匍小茎的多年生草种或灌木丛，来固结表土，防止水土流失。

种草时将草籽加土拌和，均匀撒播草籽，入土深度不少于5cm，种完后拍实松土，洒水湿润，并注意管理。播种方法有撒播法、喷播法和行播法等。

种草应在温度、湿度较大的季节播种，播种后，应适时进行洒水施肥、清除杂草等养护管理，直到植物覆盖坡面。

2. 铺草皮

铺草皮适用于各种土质边坡。特别是当坡面冲刷比较严重，边坡较陡，土质不适宜种草，径流速度大于0.6m/s，附近草皮来源较易时采用铺草皮防护比较适宜。草皮品种与种草相仿。草皮规格以不过于损坏根系、便于成活及运输而定，一般为20cm×40cm，厚约6~10cm。铺草皮前应将坡面整平，必要时加铺6~10cm种植土层。草皮铺砌形式有平铺（平行于坡面）、水平叠铺、垂直叠铺（垂直坡面）、斜交叠铺（与坡面成一半坡角的倾斜叠置）及网格式（采用片石铺砌成方格或拱式边框，方格式框内铺草皮）等。如图4-1所示。铺植时可根据具体条件（坡度与流速等）选用。

铺草皮需预先备料，草皮可就近培育，切成整齐块状，然后移铺在坡面上。铺时应自下而上，并用竹木小桩将草皮钉在坡面上，每块草皮钉2~4根竹木梢桩，使草皮与坡面固结稳定。

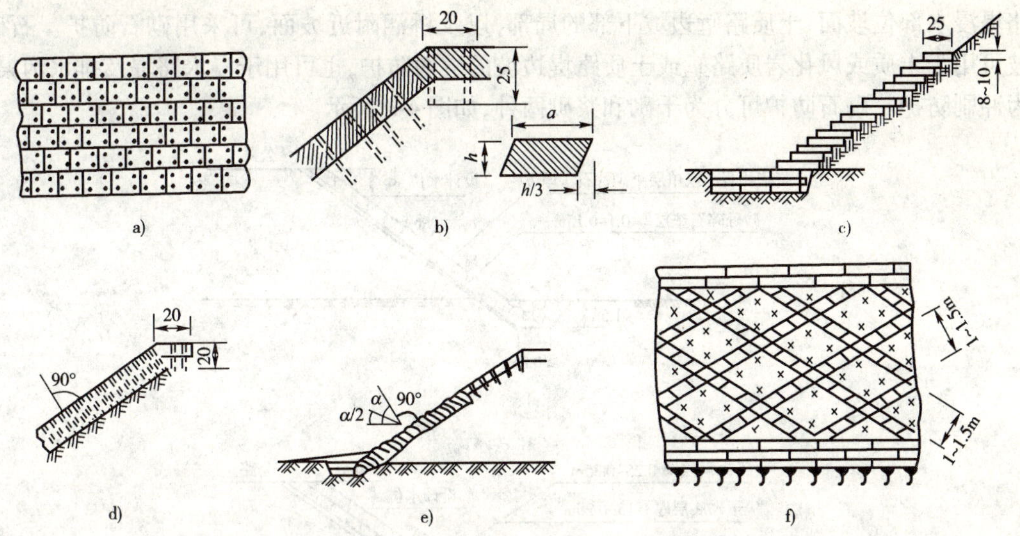

图 4-1　草皮防护示意图(尺寸单位:cm)

a)平铺平面;b)平铺剖面;c)水平叠铺;d)垂直叠铺;e)斜交叠铺;f)网格式

草皮根部土应随草切割,坡面要预先整平,对于土质不合适的边坡,可在边坡上铺筑一层适宜种植的土,然后进行栽种或种植。草皮应随挖随铺,注意相互贴紧。

铺草皮施工时,应尽可能在春秋季或雨季进行。不宜在冰冻时期或解冰时期施工。

3. 植树

植树适用于各种土质边坡和风化极严重的岩石边坡,边坡坡度不陡于1:1.5。在漫水河滩或海滩上,为了降低水流速度,减少水流对河滩上路堤的冲刷,可以在滩上植树,这样还能起到促使泥沙淤积加固边坡、防止和减缓水流冲刷路堤。在风沙和积雪地面,林带可以防汛、防砂和防雪,保护路基不受侵蚀,调节气候、美化路容,改善高等级公路的美学效果,增加木材收益。在坡面上植树与铺草皮相结合,可使坡面形成一个良好的覆盖层。如图 4-2 所示。

图 4-2　植树的形式

植树品种宜选用在当地土壤与气候条件下能迅速生长、根系发达、枝叶茂盛、生长迅速的低矮灌木为主。沿河路堤植树,则选用喜水、根深、杆粗的树种,并多排成行栽种,以起到导流、拦流、挑水、促使泥沙淤积、加固堤岸的作用。植树的平面布置,应根据植树品种、作用,结合当地经验而定。城市或风景区的植物防护,应与有关部门协调配合。

用于冲刷防护时宜选用生长很快的杨柳类,或不怕水淹的灌木类。种植后在树木未成长前,应防止流速大于3m/s 的水流侵害。必要时应在树前方设置障碍物,加以保护。植树防护最好与种草结合使用,使坡面形成一个良好的覆盖层,才能更好地起到防护作用。

二、砌石防护

对于易发生严重剥落或溜方的路基边坡,为防止地面径流或河水冲刷,公路填方边坡、沿河路堤浸水部位坡面、土质路堑边坡下部的局部，以及桥涵附近坡面，可采用砌石防护。石砌护坡可用于土质或风化岩质路堑或土质路堤边坡的坡面防护，也可用于浸水路堤及排水沟渠，作为冲刷防护。砌石防护可分为干砌和浆砌两种，如图 4-3 所示。

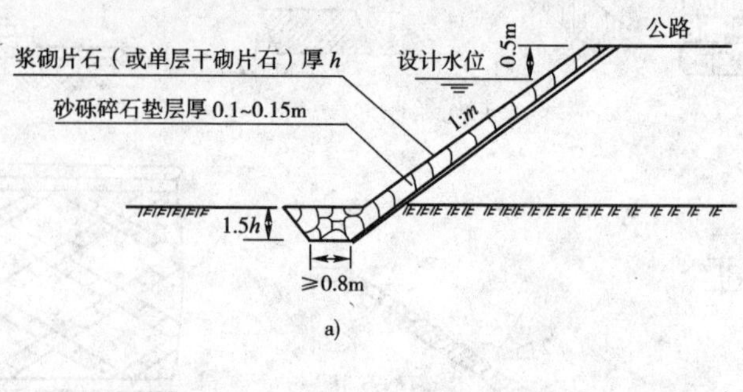

a)

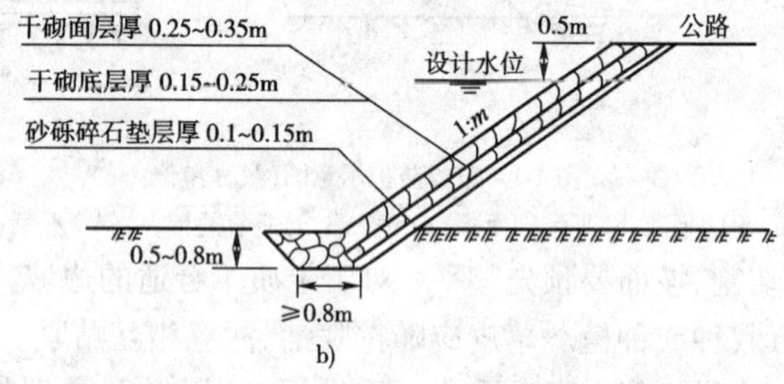

b)

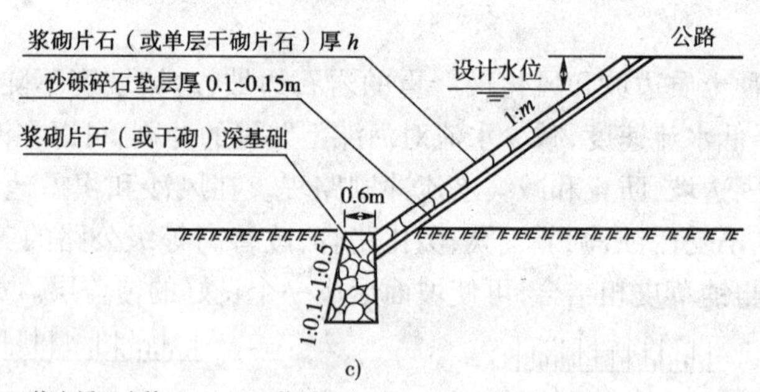

c)

注：m 值应缓于或等于 1：1.5;h 值干砌为 0.25~0.35m, 浆砌为 0.25~0.4m。

图 4-3　石砌护坡图

a）单层石砌护坡；b）双层石砌护坡；c）深基础石砌护坡

干砌靠石料之间的摩阻力和嵌挤力而不使用水泥砂浆；浆砌通过水泥砂浆将石料黏结在一起。

易遭受雨、雪、水流冲刷，流速不大于 2 ~ 4m/s，易发生泥流、溜坍或严重剥落的路基边坡，以及受水冲刷较轻的河岸和路基，均可采用干砌片石护坡。干砌片石护坡一般可分为单层铺砌、双层铺砌和编格内铺石等几种形式，单层厚度为 0. 25 ~ 0. 35m。采用干砌防护时，为防止水流将铺石下面边坡上的土颗粒带出冲走，施工时，应在铺砌层的底面设 0. 1 ~ 0. 2m 的碎石、砾石或砂砾混合物垫层，以增加整个铺石防护的弹性，使其不易破坏。同时干砌片石最好用砂浆勾缝，防止水分侵入过多，以提高其整体强度。

对于水流流速较大(4 ~ 5m/s)、波浪作用强、有漂浮物等冲击的沿河路堤或采用干砌片石不适宜的其他路基坡面防护，宜采用浆砌片石护坡。浆砌片石护坡宜用 0. 3 ~ 0. 5m 以上的块(片)石砌筑，其厚度一般为 0. 2 ~ 0. 5m。用于冲刷防护时，最小厚度一般不小于 0. 35m，护坡底面应设 0. 10 ~ 0. 20m 厚的碎石或砂砾垫层。路堤边坡上的浆砌片石护坡，应在路堤压实或夯实后施工，以免因路堤沉落而引起护坡的破坏。

无论是干砌片石或浆砌片石，均应在片石下面设置 0.1～0.15m 厚的碎（砾）石或砂砾混合物垫层，以起到整平作用，并可防止水流将干砌片石层下面的边坡细土粒带走，能使结构层具有一定的弹性，增加对波浪、流冰及漂浮物的抵抗力。

石砌护坡坡脚应修筑墁石基础。在无河水冲刷时，基础埋置深度一般为护坡厚度的 1.5 倍。沿河受水流冲刷时，基础应埋置在冲刷线以下 0.5～1.0m 处，或采用石砌深基础。

基础要求坚固，底面宜采用 1:5 向内倾斜的坡度，如遇坚石可挖成台阶式，在近河地段基础则应埋置于冲刷线以下 0.5～1.0m。砌石由下而上，错缝嵌紧，表面平整，周界用砂浆密封，以防渗水。对浆砌片石护坡，每隔 10～15m 设缝宽 2cm 的伸缩缝，缝内填塞沥青麻筋或沥青木板等材料；护坡的中、下部设 10cm × 10cm 的矩形或直径为 10cm 的圆形泄水孔。其间距为 2～3m，孔后 0.5m 范围内应设置反滤层。

在缺乏石料的地区，可采用混凝土预制块防护路基，它比浆砌片石护坡能较强地抵抗较大的流速水流和波浪的冲击，但造价较高，如图 4-4 所示。

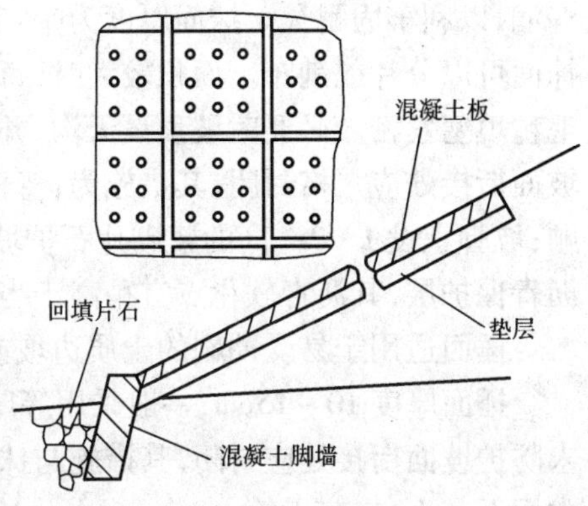

图 4-4　混凝土板护坡断面示意图

三、坡面处治

对于不适宜于草木生长的易于风化的较陡软质岩石、破碎岩石路堑边坡，可采用碎（砾）石、砂、水泥、石灰、工业废渣等无机物或沥青类有机材料，将坡面岩石裂隙、缝穴、风化层及坡面周围予以堵塞或封闭，以防止风化进一步加剧、地表径流水下渗。因此，坡面处治又称封闭防护。常用的方法有抹面、锤面、喷浆、勾（灌）缝、灌浆及护面墙等。

1. 抹面、锤面与勾缝

抹面适用于易风化而表面平整、尚未严重风化剥落的岩石边坡，如页岩、泥岩、泥灰岩、千枚岩等软质岩层。边坡坡度不受限制，但坡面应较干燥。常用的抹面材料及其配合比与用量可参考表 4-1。

抹面混合材料的配合比及用量　　表 4-1

材料名称	石灰、炉渣混合浆（两层共厚 3～4cm）			石灰、炉渣三合土（厚 6～7cm）		四合土（厚 8～10cm）		水泥、石灰、砂浆（厚 3cm）	
	体积比		每平方米用量	质量比	每平方米用量	质量比	每平方米用量	体积比	每平方米用量
	表层（1.5～2.0cm）	底层（1.5～2.0cm）							
水泥	—	—	—	—	—	—	—	1	3.5kg
石灰	1	1	7.5kg	1	230kg	1	12kg	2	3.0kg
炉渣	2～2.5	3～4	0.03m³	5	1.1m³	9	118kg	—	—
黏土	—	—	—	—	0.3m³	3	36kg	—	—
砂	—	—	—	—	—	6	72kg	9	0.03m³
纸（竹）筋	—	—	0.5kg	—	—	—	—	—	—
卤水	—	—	0.14kg	—	—	—	—	—	—

在不适宜植物防护的情况下，可采用砂石、水泥或石灰等材料对风化的软质岩石进行抹面防护，一般采用三合土（石灰、炉渣或黏土）或四合土（石灰、炉渣、黏土和砂）等复合材料较为经济。对于整体性较好、表面平整和施工面石质新鲜的边坡，可采用水泥喷枪，将水泥粉末与少量雾化水珠混合，借高压喷涂到岩层表面上，形成一层水泥薄壳罩在岩石面上。对于易风化而坡面不平的岩石边坡可采用喷浆防护，喷浆为水泥、石灰、砂和水的混合料。

抹面作业前，应对被处治的边坡加以清理，去掉风化层、浮土、松动石块并填坑补洞，洒水湿润，以利牢固耐久。抹面厚度为3～7cm，分两次进行，底层抹全厚的2/3，面层抹全厚的1/3。抹面可以分片或满布。面积较大时，每隔5～10m设缝宽2cm的伸缩缝一道，用沥青麻筋或油毛毡填塞紧密。必要时坡顶设天沟，并用相同材料对沟壁抹面。在抹面护坡之周边与未防护坡面衔接处应严格封闭，其措施为：弯槽嵌入岩石内，其深度不小于10cm，并和相衔接之坡平顺；坡脚宜设1～2m高的浆砌片石护坡。为防止灰体表面开裂，增强抗冲蚀能力，可在表面涂沥青保护层，其沥青软化点宜稍高于当地最高气温，用量为$3kg/m^2$左右。

捶面适用于易受冲刷的土质边坡或易风化剥落的岩石边坡，边坡坡度不大于1∶0.5。

捶面厚度10～15cm，一般采用等厚截面，当边坡较高时，采用上薄下厚截面。捶面护坡与未防护坡面衔接处应封闭，其措施与抹面相同。坡脚设1～2m高的浆砌片石护坡。捶面材料常用石灰土、二灰土等。

捶面施工前应清除坡面浮石松土，填补坑凹，有裂缝时应勾缝。在土质边坡上，为使护面贴牢，可挖小台阶或锯齿。坡面应先洒石灰水润湿，捶面时夯拍要均匀，提浆要及时，表面要光滑，提浆后2～3h进行洒水养生3～5d。寒冷地区不宜在冬季施工。养护时如发现开裂和脱落应及时修补。在较大面积捶面时，应设置伸缩缝，其间距不宜超过10m。

勾缝适用于质地坚硬、不易风化、节理缝多而细或岩层间夹有很薄软层的岩石边坡，为防止水分浸入裂隙导致岩石抗风化能力减弱，造成病害，可用水泥、砂浆勾缝。

勾缝可用质量比为1∶2～1∶3的水泥砂浆，或体积比为1∶0.5∶3或1∶2∶9的水泥石灰砂浆。勾缝前应先用水冲洗，并清除裂缝内的泥土、杂草。勾缝时要求砂浆应嵌入缝中，与岩体牢固结合。

灌缝适用于较坚硬、裂缝较大较深的岩石路堑边坡；灌缝可用体积比1∶4或1∶5的水泥砂浆。裂缝很宽时，可用体积比1∶3∶6或1∶4∶6的混凝土灌注。灌缝前也应先用水冲洗，并清除裂缝内的泥土、杂草。灌缝时要求插捣密实，灌满缝口并抹平。

2. 灌浆与喷浆

灌浆适用于质地坚硬、局部存在较大、较深的缝隙或洞穴，并有进一步扩展而影响边坡稳定性的岩石路堑边坡。其目的是借助灰浆的黏结力把裂开的岩石黏在一起，保证边坡稳定。水泥砂浆按质量比为1∶4或1∶5，必要时可用压浆机灌注。裂缝或洞穴较宽则可用混凝土灌注。

喷浆适用于易风化但尚未严重风化的新鲜平整的岩石边坡坡面。采用素喷水泥砂浆和混凝土的施工工艺，也可采用加设防护网及锚杆的锚喷工艺。通过喷涂一层厚度5～10cm的砂浆，岩石坡面将被封闭，形成一个保护层，达到阻止面层风化、防止边坡剥落与碎落的目的。砂浆可用水泥浆或水泥砂浆，甚至水泥石灰砂浆。其质量配合比为水泥∶石灰∶河沙∶水＝1∶1∶6∶3。喷浆前应将坡面整平，去除已经风化的表层，洒水湿润，一次喷成。为了加强喷浆与坡面的黏结，防止脱落或剥落，可采用锚喷混凝土防护。先在清挖出的密实、稳定的新鲜坡面上，钻孔、安装锚杆、灌浆，然后挂上纤维网柱或钢丝网柱，最后用高压泵喷射厚度4～6mm的C20混凝土。

喷浆及喷射混凝土施工中应注意以下几点：

（1）锚喷防护的施工。锚喷工艺利用了锚杆的深层拉力作用，钢筋网的多层防护作用以及细粒式混凝土的封闭及刚性整体作用,从而确保了风化岩石边坡的强度及稳定性,起到坚固、耐用、美观的作用。

(2)锚喷防护施工前必须对施工现场及所要防护的边坡进行详细的调查,调查的内容主要包括:①开挖面的坡度及平整状况;②风化岩体上表面土层厚度及密实程度;③岩面的风化程度及发育状况;④岩体表面的孔隙、沟槽及土条带的数量、宽度、深度。

(3)岩面处理。在施工前要对风化岩的岩面进行处理,清除岩体表面植被、浮土、危石,尽量使岩体表面保持一个单一坡度;对岩体表面暴露的较大的坑洞要进行砌石堵塞;对土条带要加以清除,并进行简单的砌石防护,同时在施工前要确定泄水孔的位置。

(4)截水沟及急流槽的设置。根据施工现场实际情况要在边坡的上方设置截水沟及急流槽,以避免水流对风化岩表面土层的冲刷。

(5)凿眼及锚杆的注入。锚杆的长度要根据风化岩的物理性质及表面施工层的拉力通过试验确定,一般长度在1.5~2.5m之间,通常采用大于$\phi22$的螺纹钢。

(6)防护网的挂设。防护网可采用单网和双网两种形式,单网结构一般采用$\phi8$钢筋网,网孔尺寸为5cm×5cm;双网结构一般内网采用$\phi6$铁丝网,网孔尺寸为10cm×10cm,外网一般采用$\phi8$钢筋网,网孔尺寸为30cm×30cm。挂设防护网时要注意防护网与锚杆坚固连接及防护网的整体性,并根据风化岩面的风化程度对防护网的间距进行适当的调整。

(7)混凝土的喷射。喷射混凝土前要对所有机械设备、人员、进场材料进行全面细致的检查,建立相应的施工与质量保证体系,以确保锚喷施工的顺利进行。施工过程中要保证机械设备的正常运转,保证进料管与进水管的畅通,保证喷头与岩面的距离及喷射的角度(一般喷射距离为2~4m,喷射角度为60°~70°),保证喷射的厚度及均匀性,同时在喷射混凝土时要对混凝土的质量进行随时检查,以充分保证混凝土的强度及流易性要求。

(8)养护维修。在混凝土施工完成之后,马上要进行养生,采用覆盖草袋、喷水养生的方式养生7~14d,以满足混凝土强度的要求。对露筋及混凝土较薄的部位要进行补喷。

3. 护面墙

为覆盖各种软质岩层和较破碎岩石的挖方边坡免受大气因素影响而修建的墙,称为护面墙。护面墙是一种浆砌片石的覆盖物。多用在易风化的云母片岩、绿泥片岩、泥质页岩、千枚岩及其他风化严重的软质岩层和较破碎的岩石地段,以防止其继续风化。护面墙沿着边坡坡面修建,仅能承受自重,不承受其他载重,也不承受墙后土侧压力,故要求被防护的边坡自身必须稳定,且边坡不宜陡于1:0.5。

护面墙适用于严重风化破碎、容易产生碎落坍方的岩石路堑边坡或易受冲刷、膨胀性较大的不良土质路堑边坡。其目的是使边坡免受自然因素影响,防止雨水下渗,达到保护边坡的目的。表4-2为护面墙常用尺寸表。墙基要求稳固,冰冻地基墙基应埋置在冰冻线以下0.25m;若为软基,可设拱形结构物跨过。

护面墙的厚度参考表 表4-2

护面墙高度H(m)	路 堑 边 坡	护面墙厚度(m)	
		顶宽b	底宽d
≤2	1:0.5	0.40	0.40
≤6	>1:0.5	0.40	$0.40+H/10$
$6<H\leq10$	1:0.5~1:0.75	0.40	$0.40+H/20$
$10<H\leq16$	1:0.75~1:1	0.60	$0.60+H/20$

墙体纵向每隔 10~15m 设缝宽 2cm 的伸缩缝一道，缝内用沥青麻筋填塞。墙身上下左右每隔 2~3m 设 6cm×6cm 或 10cm×10cm 方形或直径为 10cm 圆形泄水孔，泄水孔的后面应用碎石和砂砾做反滤层。墙的厚度视墙高而定。为增加墙体稳定性，墙背每 3~6m 高设一宽度为 0.5~1.0m 错台。根据边坡基岩或土质的好坏，每 6~10m 高为一级，设宽度不小于 1.0m 的平台。在缺乏石料地区，墙身可采用片石铺砌成方格或拱式边框，方格或框内用石灰炉渣、三合土或四合土等混合料抹面。图 4-5 为护面墙示意图。

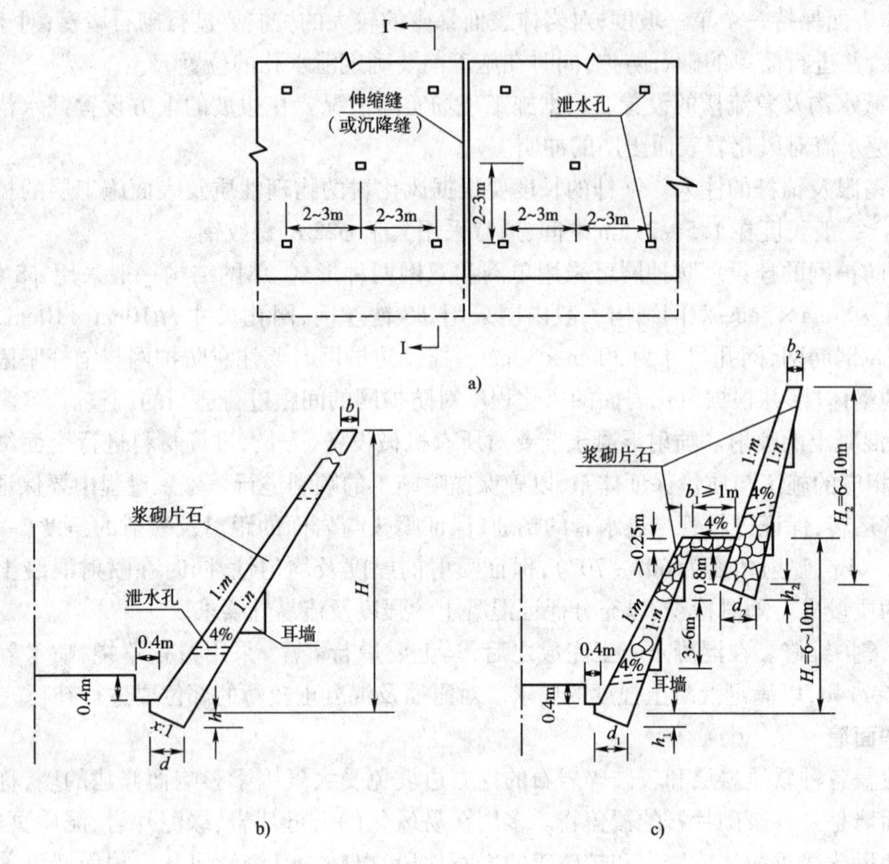

图 4-5　护面墙示意图（尺寸单位：m）

a）正面；b）剖面 I—I；c）两级护面墙

任务 2　沿河路基冲刷防护工程施工

沿河路基，直接承受水流的冲刷。为了保证路基坚固、稳定，必须采取措施予以防护。防止冲刷的措施有两种：一种是加固岸坡的直接防护；另一种是改变水流性质的间接防护。

一、直接防护

直接防护是在稳定的边坡上直接加固的一种措施，其特点是不干扰或很少干扰原来的水流性质。除了坡面防护和砌石护坡外，抛石、石笼、驳岸、柔性混凝土块板及浸水挡土墙均属直接防护。当水流流速为 3.0~5.0m/s 时，宜采用抛石防护；流速大于 5.0m/s，或过多压缩河床，造成上游壅水时，则改用石笼防护或设置驳岸、浸水挡土墙等支挡结构物。

1. 抛石防护

抛石防护主要用于防护受水流冲刷和淘刷的路基边坡和坡脚，以及挡土墙、护坡的基础等。最适于沿河床路基的防护，且不受气候条件限制，对于季节性浸水和长期浸水的边坡均适用。在水流或波浪强烈和缺乏石料的地区，可用水泥混凝土预制的人工块体。一般在枯水季节施工，附近盛产大块砾石、卵石以及废石方较多的路段，应优先考虑采用此种防护措施。

常用的抛石类型有两种，即适用于新筑路堤的抛石垛和适用于旧路堤的抛石垛，如图4-6所示。类似于陡坡路堤在坡脚处设置石垛，其中：a）适用于新建公路；b）适用于旧路路堤抛石垛。抛石边坡和石料粒径的选择见表4-3、表4-4。流速大、水很深、波浪高的路段，抛石应采用较大粒径（应大于0.3m，并小于设计抛石厚度的1/2）的石块。抛石厚度一般为粒径的3～4倍，或为最大粒径的2倍。抛石垛的边坡坡度不应陡于抛石浸水后的天然休止角，边坡率 m_2 一般为1.25～3.0，m_1 为1.5～2.0。石料要求质地坚硬、耐冻且不易风化崩解。为了在洪水下降后，路堤迅速干燥，减少冲刷，应在抛石背后设置反滤层。抛石时，宜用不小于计算尺寸且大小不同的石块掺杂抛投，使抛石保持一定的充实度。如采用嵌固的抛石防护类型，宜采用打桩嵌固方法效果较好。

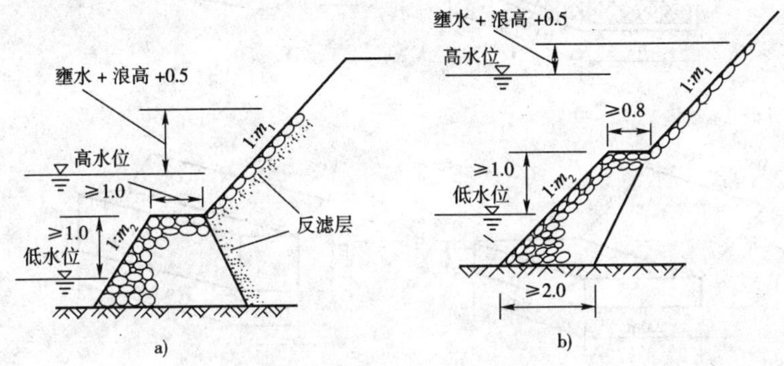

图4-6 抛石防护（尺寸单位：m）

a）新填路基抛石垛；b）旧路堤抛石垛

抛石边坡坡度参考值 表4-3

水文条件	采用边坡
水浅，流速较小	1:1.25～1:2
水深2～6m，流速较大，波浪汹涌	1:2～1:3
水深大于6m，在急流中施工	缓于1:2

抛石粒径与水深、流速的关系 表4-4

抛石粒径(cm)	水深(m)				
	0.4	1.0	2.0	3.0	5.0
	容许流速(m/s)				
15	2.7	3.00	3.40	3.70	4.00
20	3.15	3.45	3.90	4.20	4.50
30	3.5	3.95	4.25	4.45	5.00
40	—	4.30	4.45	4.80	5.05
50	—	—	4.85	5.00	5.40

2. 石笼防护

石笼防护主要用于缺乏大石块的地区,防护沿河路堤坡脚的河岸免受急流和大风浪的破坏,同时也是加固河床、防止冲刷的常用措施。在含有大量泥沙的急流及基底土壤良好的条件下,特别适宜石笼防护,因为石笼中石块间的空隙将很快被泥沙淤满而形成整体。石笼防护可在一年中任何时期施工,也可在任何气候条件及水流情况下采用。

石笼防护是用铁丝编织成框架,内填石料,设置在坡脚处,它的外形一般为箱形、圆柱形、扁形、柱形等几种,图4-7为石笼形式示意图。笼内填石粒径不小于4cm,一般为5~20cm,外层石料要求有棱角,内层用较小石块填充。铺砌时,根据不同的目的,铺成与坡角线垂直或垒码平铺成梯形。单个石笼的大小,以不被相应速度的水流冲动为宜,铺设时须用碎(砾)石垫层铺平,底层各角,可用铁棒固定于基底。

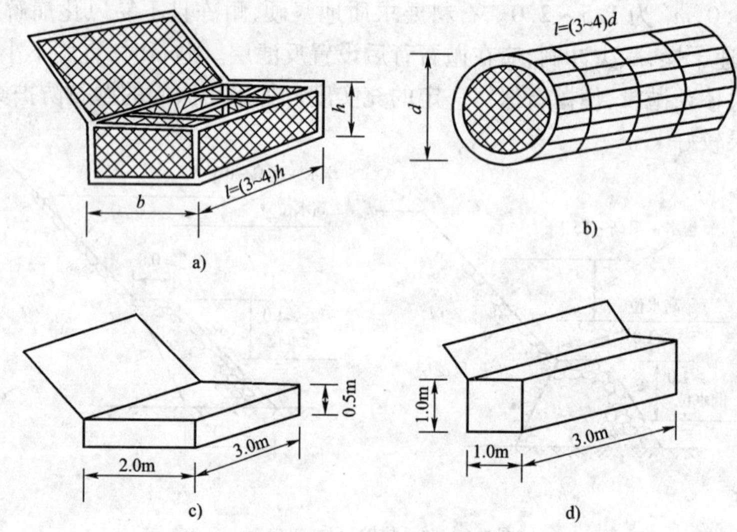

图4-7 石笼的形式

a)箱形;b)圆柱形;c)扁形;d)柱形

用于防止冲刷淘底的石笼,一般在河底将石笼平铺并与坡脚线垂直,同时固定坡脚处的尾端,靠河床中心一端不必固定,淘底时便于沉落。当石笼用以防止堤岸边坡受冲刷时,则垒码平铺成梯形,如图4-8所示。石笼的尺寸、装石粒径及有关数据见表4-5。

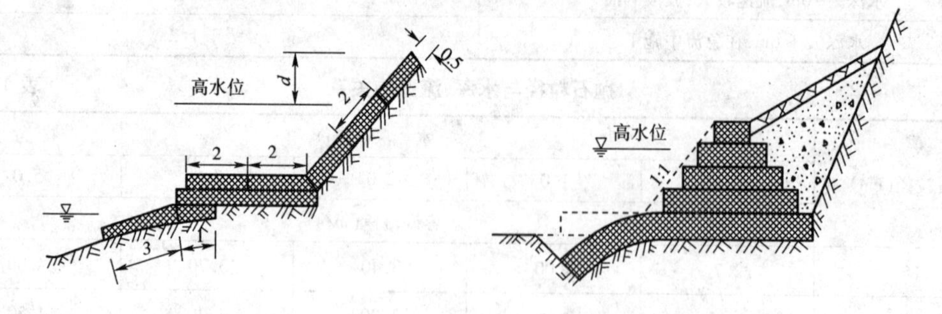

图4-8 铁丝石笼防护(尺寸单位:m)

石笼的优点是有较好的强度和柔性,不需要较大的石料;其缺点是石笼网日久易锈蚀损坏,使石笼解体,因此,宜采用镀锌铁丝编笼。镀锌铁丝石笼的使用期约为8~12年。

石笼的尺寸及装石粒径 表 4-5

石笼		适用石笼种类	表面积(m^2)	容积(m^3)	装石粒径(cm)
形式	尺寸(cm)				
箱形	3×1×1	铁丝笼及木笼	14.0	3.0	5~20
箱形	3×2×1	铁丝笼及木笼	22.0	6.0	5~20
扁形	4×2×0.5	铁丝笼	22.0	4.0	5~20
扁形	2×1×0.25	铁丝笼	5.5	0.5	5~20
扁形	3×2×2.5	铁丝笼	17.0	3.0	5~20
扁形	4×3×0.5	铁丝笼	31.0	6.0	5~20
扁形	3×1×0.5	铁丝笼	10.0	1.5	5~20
圆柱形	ϕ0.5×1.5	铁丝笼及木笼	2.4	0.3	5~15
圆柱形	ϕ0.6×2.0	铁丝笼及木笼	3.8	0.30	5~15
圆柱形	ϕ0.7×2.0	铁丝笼及木笼	4.4	0.77	5~15

铁丝石笼以 ϕ6~ϕ8mm 的钢筋做骨架,2.5~4.0mm 铁丝编网。其网孔一般为 6cm×8cm、8cm×10cm 及 12cm×15cm 的六角形。长度较大的石笼,应在内部设横墙或铁丝拉线。石笼下面的基础,最好用碎石或砾石铺垫整平,厚度一般为 0.2~0.4m,底层石笼宜用 ϕ16~ϕ19mm 的铁钎固定在基底上,使之不随水流移动。安置石笼应做到位置正确,搭叠衔接稳固、紧密,保证其整体作用。编制石笼时,要注意保持各部分尺寸正确,以利于石笼与石笼之间的紧密连接,用机器将铁丝弯成网孔元件,在工地上再编结成网或笼,既可提高效率,又能保证质量。

二、间接防护

采用导流或阻流的方法,改变水流性质,消除或减缓水流对路基边坡的直接冲刷和淘刷,或者迫使主流流向偏离被防护的路段,改变河槽中冲刷和淤积的部位,以及必要的改河工程,均属于间接防护。间接防护,就是采用导流与调治构造物,改变水流方向,达到路基防护的目的。调治构造物是指以改变水流方向为主的水工建筑物。在路基工程防护中采用调治构造物,使水流轴线方向偏离路基岸边,或降低防护处水的流速,促使泥沙淤积,从而起到保护路基安全的作用。调治构造物的类型及其作用大致如表 4-6 所列。

调治构造物的类型及作用 表 4-6

类型	作用	说明
丁坝	将水流挑离路基或河岸,束河归槽,改善流态,保护河岸	坝根与河岸(或边滩)相接,坝头伸向河槽,与水流成一定角度的横向建筑物
顺坝	导流、束水,调整航道曲度,改善流态	坝根与河岸(或边滩)相接,坝身与导治线基本重合或平行的纵向导流建筑物
格坝	使水流反射入主要河床,防止高水位时水流溢入顺坝与河岸间而冲刷其间的河床及坝内坡脚与河岸,并促进其间的淤积,可以造田	建于顺坝与河岸之间,其一端与河岸相连,另一端与顺坝坝身相连的横向建筑物
拦河坝	将直接冲刷路基的水流引向旁处,把河道裁弯取直,以便改善路线线形,缩短路线长度,或减少其他路基构造物的数量	建于小河两岸之间,坝根与两河岸相接,与水流成一定角度的横向建筑物

一般地，在河床宽敞，冲刷和淤积基本相等，防护路段较长，流速较低的河段采用间接防护较直接防护经济。常用的导流结构物一般有丁坝、顺坝、格坝及必要的改河工程。图4-9为导流结构物综合布置图例。

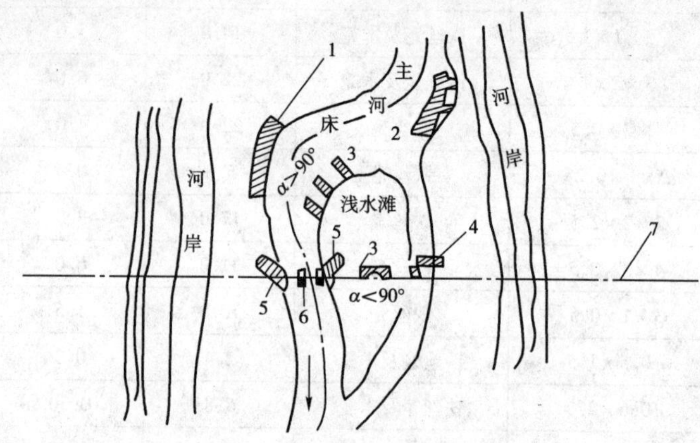

图4-9　导流结构物综合布置图例

1-顺水坝;2-格坝;3-丁坝;4-拦水坝;5-导流坝;6-桥墩;7-路中线

丁坝指坝体轴线与导线（河岸）正交或成较大角度斜交的导流构造，其作用是将水流挑离河岸。丁坝形式较多，按长短分，有长丁坝、短丁坝。短丁坝只干扰其附近局部水流，使水流流向河心；长丁坝则使水流冲向对岸。丁坝可由乱石堆砌而成。其横断面为梯形，坝身顶宽 2~3m，坝头顶宽约3~4m，上游边坡1:1~1:1.5，下游边坡1:1.5~1:2。丁坝要求设置多个形成坝群。

顺水坝指坝轴线基本沿导流线边缘布置，使水流较顺缓地改变流向，起疏导水流的作用。顺水坝坝长与被防护段长度基本相等，构造与丁坝大体相同。

当顺水坝较长，距离河岸间距较大时，为防止水流冲走沉积泥沙，使坝体与河岸相连，在顺水坝与河岸之间设置一道或几道横格，形成格坝。格坝一端与顺坝相连，另一端嵌入河岸，相当于构成勾头丁坝，如图4-10所示。

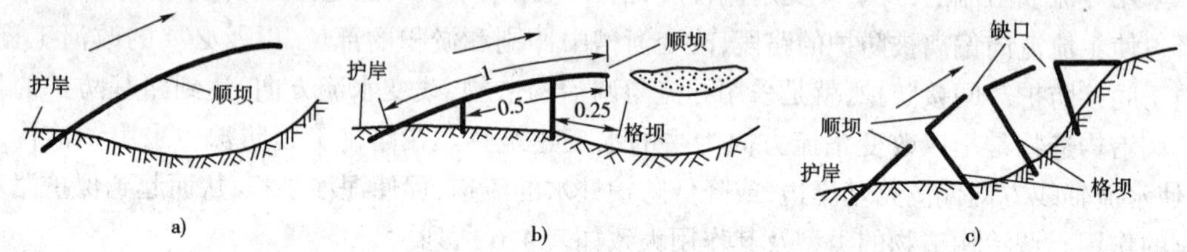

图4-10　顺坝与格坝的布置图例（尺寸单位：m）

a）非封闭顺坝；b）格坝；c）开口式格坝

改河移道可以将直接冲刷及淘刷路基的水流引离路基。挖滩改河，清除孤石，有利于布置路线，减少桥涵。但改河移道涉及水流改向，影响大且投资高，故改河通常在较短的河道上进行，并力求顺河势，使新河槽符合自然河流特征，不致使水重归故道。这些措施，需经多方论证，慎重考虑，确有必要时方可按设计实施。

任务3　拱形骨架植草护坡工程施工

拱形骨架植草护坡多用于稳定的土质挖方路基边坡的防护，土质边坡一般采用液压喷播植草进行绿化施工；对风化严重的石质边坡，可在骨架中间透空部分填土后再进行种草、种树等植物防护工作。根据拱形骨架所采用的材料不同，又可分为浆砌片石拱形骨架植草护坡、现浇混凝土拱形骨架植草护坡、预制混凝土块拱形骨架植草护坡等类型。

一、拱形骨架植草护坡的构造与布置

护坡坡度与路基边坡坡度一致，一般在1∶1左右，每一台护坡垂直高度为8～10m，沿坡长每隔10～15m设置一条伸缩缝（沉降缝），缝宽2cm左右，一般设置在拱肋的拱顶处，伸缩缝（沉降缝）上下对齐。拱形护坡的拱肋通常设计成L形断面，通过肋条上的拦水埝拦截汇集坡面径流，以减少雨水对坡面的冲刷。

浆砌片石拱形护坡的结构如图4-11所示；在石料比较缺乏的地区，可用低等级混凝土（如C20混凝土）预制块砌筑拱形骨架，其结构如图4-12所示；也可采用现浇（钢筋）混凝土形成骨架，如图4-13所示。

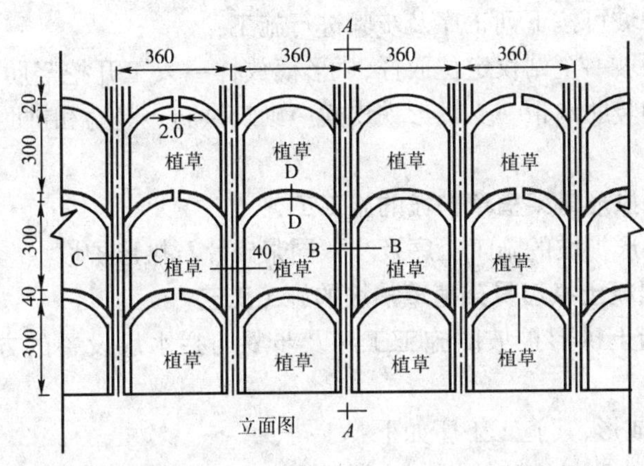

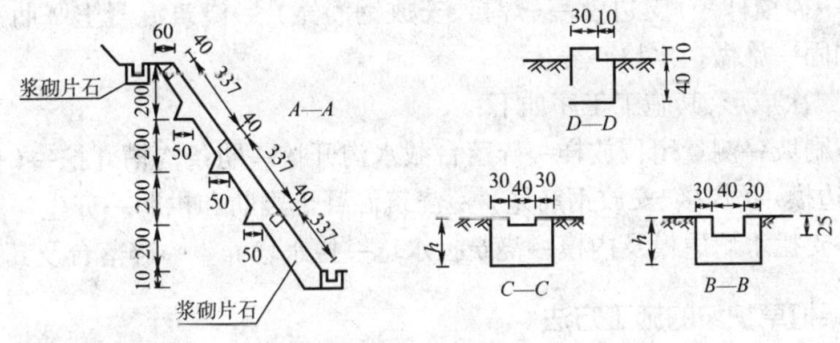

图4-11　浆砌片石拱形护坡设计图（尺寸单位：cm）

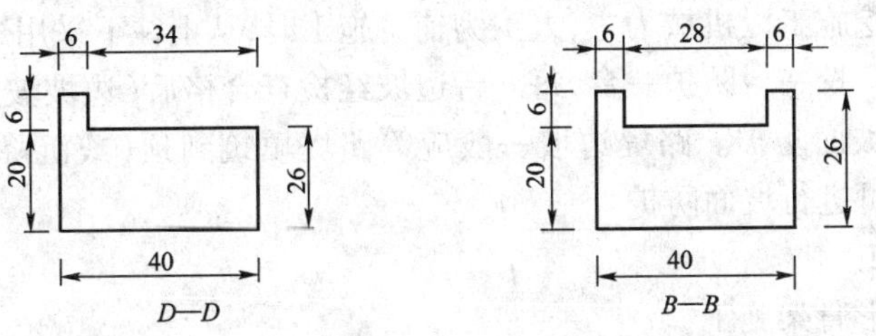

图4-12　拱形混凝土防护（尺寸单位：cm）

在路堤坡面的防护中，为了克服拦水带设置在路面容易形成积水的问题，取消拦水带，采用在最高一道护坡肋之上的空格用砂浆或浆砌封面。

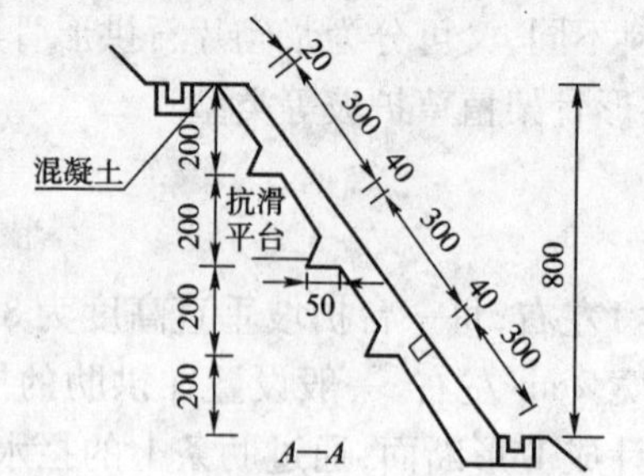

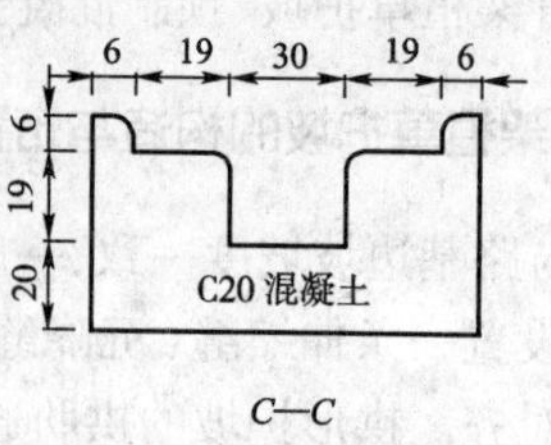

图 4-13　现浇钢筋混凝土拱形护坡(尺寸单位:cm)

二、拱形骨架植草护坡的施工工艺

1. 浆砌片石拱形骨架植草护坡的施工工艺

浆砌片石拱形护坡可按下列工序及步骤进行施工:

施工前准备→刷坡→全站仪定位放样,拱形模放样→人工开挖竖肋和拱肋沟槽→验槽→铺砌竖肋沟底→铺砌竖肋沟帮→支拱形铁皮模→砌筑拱肋→竖肋和拱肋抹面→骨架中间回填客土→植草绿化。

2. 混凝土预制块拱形骨架植草护坡的施工工艺

混凝土预制块拱形护坡的施工工序及步骤同浆砌片石拱形护坡。

3. 现浇(钢筋)混凝土拱形骨架植草护坡的施工工艺

现浇(钢筋)混凝土拱形护坡的施工工序及步骤与拦水埝设置的方法不同,有如下两种情况:

(1)拦水埝一次成形,其施工工序如下:

边坡开挖→刷坡→测量定位放样→碎落台截水沟开挖形成临时截水沟→肋条沟槽开挖→(打锚孔→注浆→插锚杆→)支边模→(焊接、安放钢筋笼)→浇筑混凝土竖肋和拱肋→碎落台及其截水沟加固→施做拦水埝→养生。

(2)拦水埝二次成形,其施工工序如下:

边坡开挖→刷坡→测量定位放样→碎落台截水沟开挖→肋条沟槽开挖→(打锚孔→注浆→插锚杆→)支边模→(焊接、安放钢筋笼)→浇筑混凝土竖肋和拱肋→养生→肋条混凝土凿毛→冲洗湿润→支拦水埝边模及内模→浇筑拦水埝→拦水埝养生→碎落台及其截水沟加固。

三、拱形骨架植草护坡的施工方法

1. 坡面平整

大多数路堑开挖施工以机械为主,人工为辅。施工时,从上往下采用爆破或挖掘机开挖路堑,边开挖边刷坡,开挖一台防护一台,每一台边坡经检查合格后(边坡坡度、顺直度达到设计要求),即可以进行坡面防护。路堤边坡一般应等路堤填筑到顶(或沉降稳定)以后,进行刷坡,刷坡到位后,即可进行坡面防护。

2. 拱形骨架施工

1)浆砌片石拱形骨架施工

(1)浆砌片石拱形护坡是在修整好的坡面上先采用全站仪或卷尺测量确定竖肋(坡面急流槽的断面尺寸比一般竖肋较大,按图纸布置急流槽位置和尺寸,施工时与一般竖肋的施工方法和顺序相同,所以,后面的叙述中不作区分,统一称“竖肋”)位置,定出竖肋上、下各两个点的位置和高程，插杆挂线，然后用卷尺确定拱肋的位置；采用人工从上往下开挖沟槽，竖肋沟槽和拱肋沟槽开挖平行作业；沟槽检验合格后，即开始从下往上用 M5 或 M7.5 的水泥砂浆铺砌浆砌片石，竖肋和拱肋同时铺砌。拱肋铺砌采用成型铁皮模控制拱肋形状。

(2)铺砌竖肋时，先在沟槽全宽范围铺砌沟底，然后在沟底上砌筑沟帮；在砌竖肋的同时铺砌拱肋。拱肋施工时，需要先支好成型拱模，控制拱肋线形，然后砌筑拱肋片石。

(3)如果需要利用拱肋顶面导水，在拱肋的下侧应用预制块砌筑拦水埝，或在拱肋抹面的同时，在拱肋的下游侧立模(或同时立上下侧的内外模)，用与抹面相同的砂浆抿成拦水埝。

(4)拱形护坡大约每三孔设置一条沉降缝，沉降缝置于拱肋顶部，上下对整齐。实践表明，在有滑坡体的边坡上，沉降缝效果明显，即可以防止护坡发生不均匀沉降时整体拉裂。

(5)待一台坡面的竖肋和拱肋铺砌完工后，从上往下用 M10 砂浆统一抹面；抹面时，竖肋同一断面先抹沟帮再抹沟底。

(6)拱肋与竖肋交接施工时，为了使拱肋汇集的雨水能顺利地导往竖肋，有如下几种方法：

①拱肋较竖肋在坡面垂直方向高 3cm 左右，在拱肋与竖肋相交的地方，用砂浆在竖肋顶上抹一导水肋，这样可以将拱肋以上汇集的坡面水顺导至竖肋沟槽中。

②如果竖肋与拱肋交接处在同一个平面上，应该在竖肋的拦水埝上沿拱肋上侧切线方向开一条小沟槽，也能有效导水，小沟槽的断面尺寸为 5cm × 5cm 左右，并用水泥砂浆抹沟底、沟壁。

③如果拱肋带有拦水埝，应该在竖肋的拦水埝上沿拱肋拦水埝的上侧切线方向开一条小沟槽，或把竖肋对应拱肋部分的拦水埝断开，小沟槽的断面尺寸为 5cm × 5cm 左右，并用水泥砂浆抹平。

2)混凝土预制块拱形骨架施工

在石料缺乏的地段，有时可采用如图 4-12 所示的混凝土预制块代替浆砌片石。其施工方法是采用预制的拱肋和竖肋，在开挖验收合格的拱肋和竖肋槽中采用坐浆法砌筑拱肋和竖肋。

这种护坡的坡面雨水拦截及汇水工作由拱肋及竖肋上的拦水埝完成。拦水埝是在预制混凝土块时一次成型浇筑好的。为了能将坡面汇水有效地顺导进入竖肋(或急流槽)沟槽内，应该在拱肋与竖肋交接处上方，用一块不带拦水埝的预制块铺砌，或采用本节第 1)条下面第(6)款的施工方法。

3)现浇混凝土拱形骨架施工

当采用现浇混凝土或锚索钢筋混凝土(为了加固浅层滑坡体)做拱形骨架时，其沟槽开挖方法与本节第 1)条相同。

混凝土浇筑方法及锚孔、锚索施工可参照有关技术规范。

现浇混凝土拱形骨架植草护坡的拦水及汇水工作仍然由拱肋及竖肋上的拦水埝完成，为保证所拦截的坡面水能顺利地进入竖肋(或急流槽)沟槽内，在浇筑竖肋时，应该将竖肋与拱肋交接处的拦水埝断开(竖肋与拱肋交接处不设拦水埝)，方便拱肋汇集的雨水能进入竖肋中。

现浇混凝土拱形骨架拦水埝的施工有两种方法：

(1)一次成型——在浇筑肋条(竖肋和拱肋)混凝土时使用比肋条稍高的模板(制作拱肋成型模板时，将软铁皮或镀锌铁皮的裁切宽度放大，比拱肋高度高 6cm 左右)，用灰刀抹筑一道6cm×6cm左右的拦水埝，如果混凝土坍落度较大，可在拦水埝内侧搁置一块小模板，然后同肋条一起养生。

(2)二次成型——先浇筑肋条，并在拦水埝位置预插短钢筋、铁丝或铁钉，等整个坡面的肋条都施工完以后，补浇拦水埝。浇筑拦水埝之前，应该将肋条凿毛，并用水冲洗干净，保持湿润，如果做不到这一点，新老混凝土联结不好，拦水埝极易脱落损坏。然后立模板，浇筑混凝土并养生。

3. 成型拱模

成型拱模可根据拱肋设计线形，施工单位自己用软铁皮(铝皮、复合板、树脂板等)加工制作成型。加工制作时，先裁切出与拱肋弧长相当的铁皮(铝皮、复合板、树脂板等)，然后用4条纵向筋(钢筋或木条)，5~6条横向筋(钢筋或木条)将铁皮(铝皮、复合板、树脂板等)固定焊接成设计拱形。

4. 回填客土

拱形骨架形成后，将中空部分填满种植土，填土时应注意不要超过拱肋的高度。

5. 植草绿化

拱形骨架形成后，应及时植草绿化。有关植被护坡的施工技术请参阅《公路排水设施施工手册》中5.1节内容。

四、拱形骨架护坡施工的质量控制与检查

1. 浆砌片石拱形护坡施工的质量控制与检查

1)材料要求

石料及圬工要求参照《道路排水与防护工程施工学习任务书》中附录5和附录7的有关规定。

2)质量控制

(1)坡体不稳定，不得进行坡面防护施工。

(2)拱肋、竖肋沟槽开挖验收合格后，才能进行拱肋、竖肋的施工。

(3)随时检查砂石材料和水泥质量，检查砂浆配比的称量。

(4)拦水埝最好与肋条一同施工。

(5)砌石应错缝砌筑，砌体砂浆饱满度采用工艺控制。

3)质量检查

浆砌石拱形护坡施工质量检查项目与检查方法如表4-7所示。

浆砌石拱形护坡检查项目与检查方法 表4-7

项次	检查项目	规定值或允许偏差	检查方法
1	拱肋位置(mm)	±20	每20m检查一断面，用卷尺检测
2	竖肋位置(mm)	±20	每20m检查一断面，用卷尺检测
3	沟槽纵坡	符合设计	每20m检查一断面，用全站仪检测
4	砂浆强度(MPa)	在合格标准内	按附录19检查
5	拱形骨架尺寸(mm)	±10	用尺量每50m量3点，不足50m至少3点
6	坡度	不陡于图纸规定	每50m用坡度尺抽量3处
7	竖肋拱肋直顺度(mm)	±50	用2m直尺检查，每50m抽量3处

续上表

项次	检 查 项 目	规定值或允许偏差	检 查 方 法
8	骨架表面及坡面平整度(mm)	±30	用2m直尺检查,每50m量3处
9	嵌入度(mm)	±50	用尺量外露部分,每50m量3处
10	防冲刷能力	拱肋能拦截汇集坡面径流,并将汇水导入竖肋中	现场检查
11	客土质量	土质、厚度按设计要求检查,坡面平顺度大体与边坡坡度一致,通过现场检查	现场检查

注:表中“附录19”指《道路排水与防护工程施工学习任务书》中的附录。

2.混凝土预制块及现浇钢筋混凝土拱形护坡的质量控制与检查

1)材料要求

水泥采用32.5级普通硅酸盐水泥。其品质要求、抽检频率和运输、储存要求参见《道路排水与防护工程施工学习任务书》附录1。砂、石材料的品质要求、混凝土的强度要求及施工技术要求参见《道路排水与防护工程施工学习任务书》附录5。

钢筋网:质量要求见下列规定。

预制和堆放构件场地应平整坚实,注意排水通畅,防止地基沉陷变形。如采用土模预制,应有压实指标要求,其表面应作专门处理,并防止水对土模浸湿沉陷,引起构架变形开裂。

锚杆:质量要求同钢筋网质量要求的有关规定。

2)质量控制

(1)坡体不稳定,不得进行坡面防护施工。

(2)拱肋、竖肋沟槽开挖验收合格后,才能进行拱肋、竖肋的施工。

(3)随时检查砂石材料和水泥质量,检查混凝土配合比和称量。

(4)拦水埝最好与肋条一同施工。

3)质量检查

混凝土拱形护坡检查项目和方法如表4-8所示。

混凝土拱形护坡检查项目和方法表 表4-8

序号	检 查 项 目	质 量 指 标		检 查 方 法
1	砂浆或混凝土强度(MPa)	符合设计要求		参照附录4和附录10
2	平面位置(mm)	肋条位置	30	每50m用经纬仪测量3点
3	断面尺寸(mm)	不小于设计值		每50m用尺量2个断面
4	边坡坡比(%)	±1		每50m用坡度仪测1点
5	拱形骨架平整度(mm)	混凝土	10	每50m用2m直尺量3处
6	拦水埝	符合设计尺寸要求,控制施工工艺		现场检查
7	沉降缝	上下贯通、整齐竖直,设置在拱肋顶处		现场检查
8	混凝土表面质量	蜂窝麻面不得超过该面面积的0.5%,深度不超过10mm		现场检查、尺量
9	锚杆质量	控制压浆施工工艺,锚固砂浆应灌入锚孔底部		现场检查,抽检1%
10	外观鉴定	混凝土表面应平整、密实,施工缝整齐,外形轮廓清晰、线条直顺,无蜂窝、麻面		现场检查

注:表中“附录4和附录10”指《道路排水与防护工程学习任务书》中的附录。

学习情境5

挡土墙工程施工

情境导入

支挡构筑物即路基加固工程，其作用是支挡路基体，以保证路基在自重及各种自然因素作用下保持稳定。常用的支挡构筑物主要是挡土墙。为防止路基填土或山坡土体坍塌而修筑的承受土体侧压力的墙式构造物，称为挡土墙。

学习目标

【知识目标】 完成本学习情境的学习，学生能够熟练掌握挡土墙工程的类型、结构、设计原理和工程量计算的方法；掌握挡土墙工程常用材料的品种、技术要求和试验检测方法；掌握挡土墙工程施工的工艺流程，熟悉挡土墙工程施工准备工作，掌握施工组织施工的流程和具体内容；掌握路线中线、边线和纵断面高程的放样方法；掌握施工管理的程序和内业资料填写的要求；熟悉挡土墙工程质量检测的原理，掌握质量评定的方法。

【能力目标】 学生能够根据施工图的内容，确定各部分结构尺寸，计算出工程量；能够独立完成挡土墙工程所用原材料的试验工作；能够合理地进行施工准备；掌握不同施工方法的工艺流程，并完成施工方案的设计；能够运用经纬仪、全站仪和水准仪等测量仪器进行挡土墙工程放样工作；合理地组织施工，完成相关的内业资料填写；并能够独立地完成挡土墙工程的质量检测和评价，填写质量检验评定资料。

挡土墙工程施工

项 目 引 导

路基建成之后，暴露在太阳的照射下，加上风化、降水、冰冻、风沙等自然因素的侵蚀，随着时间的推移，路基边坡的轮廓将发生变形，岩土的物理性质也会发生很大的变化，使路基的强度和稳定性受到影响。所以，除了做好路基排水设施以外，还必须对路基采取有效的加固措施。路基加固设施主要防止路基或山体因重力作用坍塌而起支撑作用。

公路受自然环境的影响，会发生各种变形、病害甚至破坏。路基支挡工程是防治路基病害，保证路基稳定，改善环境景观和生态平衡的必不可少的工程设施，是路基工程的重要组成部分。支挡工程主要是指用于支承路基填土或山坡土体，防止路基失稳的挡土墙工程。

一、挡土墙的用途

挡土墙是一种能够抵抗侧向土压力，用来支撑天然边坡或人工边坡，保持土体稳定的建筑物。挡土墙是路基加固的主要设施，为防止路基填土或山坡土体坍塌而修筑的承受土体侧压力的墙式结构物。路基挡土墙既可用于抵御挖方边坡岩土的滑坍，也可抵御路堤填料下滑，起到稳定边坡的作用。另外，还可以起到防止冲刷、收缩坡脚、节约土石方数量和公路用地的作用。挡土墙必须设置在稳定性好和承载力高的地基上，承受来自土体的侧压力以及路基填土传来的车辆荷载的作用。它被广泛用于公路、铁路、水利及其他土建工程。

挡土墙的基本构造及各部分名称如图 5-1 所示，靠回填土或山体的一侧面称为墙背；外露临空的一侧面称为墙面，也称墙胸；墙的顶面部分称为墙顶；墙的底面部分称为基底或墙底；墙面与墙底的交线称为墙趾；墙背与墙底的交线称为墙踵；墙背与铅垂线的夹角称为墙背倾角 α(°)。

路基支挡工程是一种能够抵抗侧向土压力、防止边坡或路基主体崩塌而设置在路旁的结构物。在公路工程中，挡土墙广泛地用于支承路堤填土或路堑边坡，以及桥台、隧道洞口和河流堤岸等处。挡土墙因适应性强，施工方便，可就地取材，在公路上得到广泛的使用。挡土墙的用途可归纳如下：

(1)在路堑地段，若开挖后的路堑边坡不能自行稳定，可在坡脚处设置挡土墙，以支承边坡，降低挖方边坡高度，减少挖方数量，避免山体失稳坍滑[图 5-2a)]。

(2)在地面横坡较陡，填筑路基难以稳定，或征地、拆迁费用高的填方路段，可在路肩或填方边坡的适当位置设置挡土墙、护脚或护堤，以收缩路堤坡脚，减少填方数量[图 5-2b)]或在土地珍贵处减少拆迁和占用耕地及农田面积[图 5-2c)]，保证路堤稳定性。

(3)对于沿河路基，为避免沿河路基挤缩河床，防止沿河、海、湖泊水流冲刷路基边坡，可在沿河一侧路基设置路肩挡土墙或驳岸[图 5-2d)]。

(4)岩堆地区，在某些挖方路段，原地面有较厚的覆盖层或滑坡，可在路堑边坡上方设置

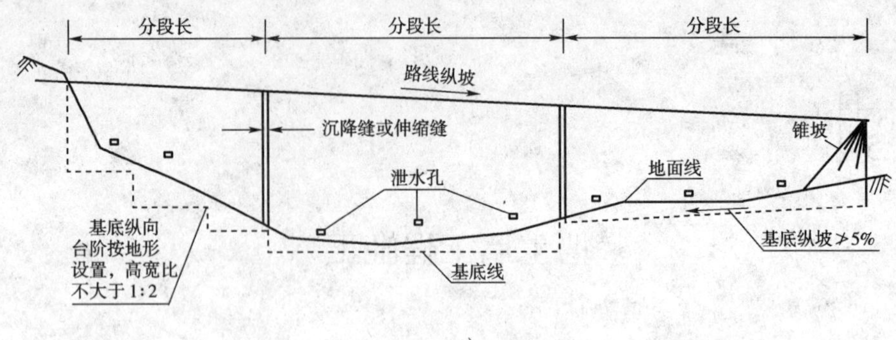

a)

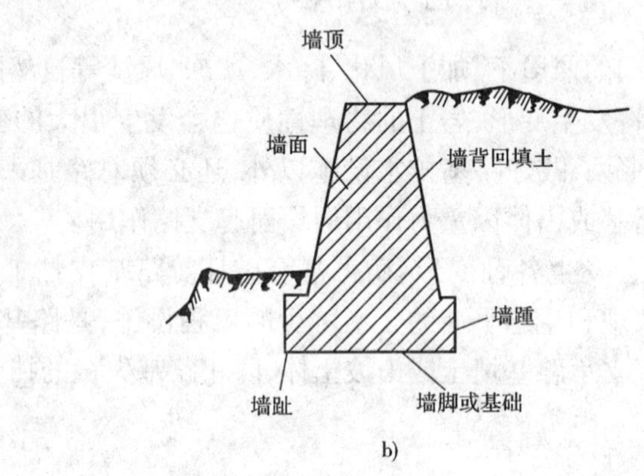

b)

图 5-1　挡土墙各部分名称

a)正面;b)侧面

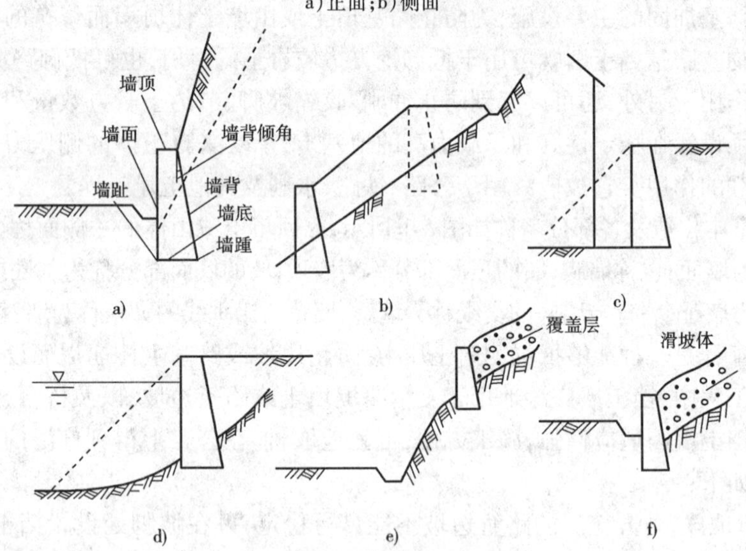

图 5-2　设置挡土墙的位置

a)路堑墙;b)路堤墙(虚线为路肩墙);c)路肩墙;d)驳岸(路肩墙);e)山坡挡土墙;f)抗滑挡土墙

(图中虚线表示不设挡土墙时的路基边坡)

山坡挡土墙,防止山坡覆盖层下滑[图 5-2e)];滑坡地区在滑坡体前缘抗滑段设置抗滑支挡结构,防止滑坡体向下滑动[图 5-2f)]。

其他还有为了防止隧道洞口坍方设置于隧道洞口的洞口挡墙和为了便于桥梁与路堤相接而设置于桥头的桥头挡墙(即桥台)等。

在路基设计中，是否需要设置挡土墙，应通过与其他可能的技术方案进行技术、经济比较来确定。

其他还可采用护肩、护脚、砌石等加固陡坡上的路堤边坡等，这些支挡结构在路基中得到广泛应用。

永久性的支挡工程，造价相对较高，在决定采用支挡结构之前，应同其他工程方案进行比较后确定，即在决定时应考虑以下几个方面：

(1)与移动路线位置进行比较；

(2)与放缓边坡后所增大的土石方工程数量进行比较；

(3)与拆迁妨碍路基的构造物(房屋、河道、水渠等)相比较；

(4)与设置其他类型的构造物(如桥、导流结构物、护墙等)相比较；

(5)与刷坡清方或其他防治坍塌的措施相比较。

对方案进行全面的技术经济论证，以达到路基安全稳定、造价经济、技术合理的目的。

二、挡土墙的类型

路基支挡工程类型较多，包括各种类型的挡土墙与其他具有承重作用的支撑结构物如护肩、护脚、砌石路基、抗滑桩等。就挡土墙而言，按照墙的位置、材料、结构形式可划分为以下几种类型：

(1)按照墙体设置的位置，挡土墙可分为路堑墙、路堤墙、路肩墙和山坡墙等类型，如图5-2所示。

(2)按照墙体材料，又可分为石砌挡土墙、砖砌挡土墙、混凝土挡土墙、钢筋混凝土挡土墙和加筋土挡土墙、钢板挡土墙等类型。

(3)按照挡土墙的结构形式，挡土墙可分为重力式、衡重式、半重力式、悬臂式、扶壁式、锚杆式、柱板式、垛式等类型，如表5-1所示。其中，重力式、衡重式多用石砌。半重力式用混凝土浇筑，视需要也可在受拉区加少量钢筋，以节省圬工。其他类型多用钢筋混凝土就地制作或预制拼装。

(4)按其所在的地区，挡土墙可以分为一般地区挡土墙、浸水地区挡土墙、地震地区挡土墙、滑坡地区的抗滑挡土墙等。

在公路、铁路建设中，由于石料丰富，就地取材方便，施工方法简单等诸方面的原因，石砌重力式和衡重式挡土墙应用得最多。结构新颖的加筋土挡土墙由于具有其他挡土墙所不可比拟的优点，近年来在公路、铁路的建设中得到了较为广泛的应用。

三、各种挡土墙的特点与使用条件

重力式和衡重式挡土墙的特点是构造简单，断面尺寸较大，墙身较重，墙背侧向土压力主要由墙身自重来平衡。由于墙身重，故对地基承载力要求亦较高。半重力式与重力式相似，但因其整体强度较高，故墙身断面和自重相对较小。垛式挡土墙实际上是一种在钢筋混凝土杆件装配的框架内填以土石的重力式挡土墙，但其构造复杂，对构件的设计、制作和安装要求较高。

其他类型的挡土墙如表5-1所示。非重力式挡土墙由于构造上的特点，其侧向土压力主要不是由墙身自重来平衡，墙身材料强度高，断面较小，自重较轻，可统称为轻型挡墙。它们的受力特点因构造而异。悬臂式挡土墙由立壁、墙踵板和墙趾板构成倒“T”形刚构，其侧向土压力作用于立壁所产生的弯矩，由墙踵板上的填料重量作用于墙踵板所产生的反弯矩来平衡。扶壁式挡土墙与悬臂式相似，扶壁（肋板）的作用是把墙面板和墙踵板直接连接起来，起到加劲的作用。带卸荷板的柱板式挡土墙，有一个立柱、底梁和拉杆构成的三角形框架，它使由挡板传递给立柱的侧向土压力，与卸荷板上填料的重量形成平衡力系，从而起到卸荷作用。锚杆式挡土墙是通过锚杆把墙体与墙后的稳定地层连接起来，形成静力平衡体系以维持墙的平衡。锚定板式挡土墙类似于锚杆式，差别仅在于固定端采用锚定板。桩板式挡土墙由钢筋混凝土桩和挡板构成，主要利用其深埋的桩柱前地层产生的被动土压力来平衡全墙侧向土压力。如采用锚杆将桩柱锚固在墙后的稳定地层中，则其结构与锚杆式相似，如用锚定板锚固，则类似于锚定板式。加筋土挡土墙由填土及在填土中布置的加筋材料和墙面板三部分组成，在垂直于墙面方向，按一定间隔和高度水平地布置加筋材料，然后填土压实，通过填土与拉筋间的摩擦和黏附作用，把土的侧压力传给加筋，从而使土体稳定。

各种挡土墙的主要特点和适用范围如表 5-1 所示。

各类挡土墙适用条件 表 5-1

挡墙类型	适用条件
重力式挡土墙	适用于一般地区、浸水地区和地震地区的路肩、路堤和路堑等支挡工程。墙高不宜超过 12m，干砌挡土墙的高度不宜超过 6m。高速公路、一级公路不应采用干砌挡土墙
半重力式挡土墙	适用于不宜采用重力式挡土墙的地下水位较高或较软弱的地基上。墙高不宜超过 8m
悬臂式挡土墙	宜在石料缺乏、地基承载力较低的填方路段采用。墙高不宜超过 5m
扶壁式挡土墙	宜在石料缺乏、地基承载力较低的填方路段采用。墙高不宜超过 15m
锚杆挡土墙	宜用于墙高较大的岩质路堑地段。可用做抗滑挡土墙。可采用肋柱式或板壁式单级墙或多级墙。每级墙高不宜大于 8m，多级墙的上、下级墙体之间应设置宽度不小于 2m 的平台
锚定板挡土墙	宜使用在缺少石料地区的路肩墙或路堤式挡土墙，但不应建筑于滑坡、坍塌、软土及膨胀土地区。可采用肋柱式或板壁式，墙高不宜超过 10m。肋柱式锚定板挡土墙可采用单级墙或双级墙，每级墙高不宜大于 6m，上、下级墙体之间应设置宽度不小于 2m 的平台。上下两级墙的肋柱宜交错布置
加筋土挡土墙	用于一般地区的路肩式挡土墙、路堤式挡土墙。但不应修建在滑坡、水流冲刷、崩塌等不良地质地段。高速公路、一级公路墙高不宜大于 12m，二级及二级以下公路不宜大于 20m。当采用多级墙时，每级墙高不宜大于 10m，上、下级墙体之间应设置宽度不小于 2m 的平台
桩板式挡土墙	用于表土及强风化层较薄的均质岩石地基、挡土墙高度可较大，也可用于地震区的路堑、路堤支挡、滑坡等特殊地段的治理

任务 1　识读挡土墙工程施工图

重力式挡土墙是依靠自身重力来抵抗路基土压力，保持路基稳定的结构物。常用的重力式挡土墙，一般由墙身、基础、排水设施和沉降缝、伸缩缝等几部分构成。

一、墙身构造

1. 墙身断面形式及其特点

根据墙背不同的倾斜方向，墙身的断面形式可分为仰斜、垂直、俯斜、凸形折线式和衡重式几种,如图5-3所示。

在其他条件相同时,仰斜墙背所承受的土压力比俯斜墙背小,故其墙身断面亦较俯斜墙背经济。同时,由于仰斜墙背的倾斜方向与开挖面边坡方向一致,故开挖量和回填量均比俯斜墙背少。然而,由于仰斜式挡土墙的基础外移,当墙趾处地面横坡较陡时,会使墙身增高,断面增大。因此,仰斜式挡墙适用于作路堑墙及墙趾处地面平坦的路堤墙或路肩墙。

俯斜墙背所承受的土压力较大。在地面横坡陡峻时,俯斜式挡土墙可用陡直的墙面,以减小墙高。俯斜墙背亦可做成台阶形,以增加墙背与填料间的摩阻力。

垂直墙背的特点介于仰斜和俯斜墙背之间。

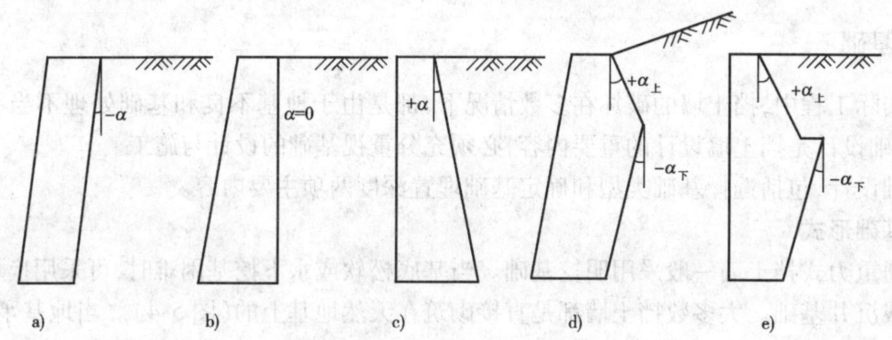

图5-3　重力式挡土墙的断面形式

a)仰斜;b)垂直,c)俯斜;d)凸形折线式;e)衡重式

若将仰斜式挡土墙的上部墙背改为俯斜,即构成凸形折线式。与仰斜式比较,其上部尺寸有所减小,故断面亦较节省。多用于路堑墙,也可用于路肩墙。

若在凸形折线式的上下墙之间增设一平台,并采用陡直墙面,即为衡重式断面。在其他条件相同时,衡重式的断面积比俯斜式小而比仰斜式大,但其基底应力较大,故对地基承载力要求相对较高。

2. 墙身断面尺寸

1)墙背坡度

俯斜式墙背坡度一般为1∶0.15～1∶0.4(即$\alpha = +8°32' \sim +21°48'$)。仰斜式不宜缓于1∶0.3(即$\alpha \leqslant 16°42'$),以免施工困难。衡重式之上墙背为1∶0.25～1∶0.45(即$\alpha_{上} = +14°02' \sim +24°14'$),下墙背在1∶0.25(即$\alpha_{下} = -14°02'$)左右,上下墙高比一般采用2∶3。

2)墙面

墙面一般为平面,墙面坡度除应与墙背的坡度相协调外,还应密切结合墙趾处的地面横坡合理选择。地面横坡较陡时,为减小墙高,宜采用垂直墙面或仰斜1∶0.05～1∶0.20,地面横坡较缓时,可放得更缓些,但不宜缓于1∶0.4,以免过分增加墙高。

3)墙顶

墙顶最小宽度,浆砌挡土墙不宜小于0.5m,干砌不宜小于0.6m。浆砌路肩墙墙顶一般宜采用粗料石或现浇低强度等级混凝土做成顶帽,顶帽厚约0.4m。如不做顶帽,为路堑墙或路堤墙,墙顶应以较大块石砌筑,并用M5砂浆勾缝和抹平顶面,砂浆厚约2cm,并均应在墙顶外缘线留出10cm的帽檐。干砌挡土墙墙顶0.5m高度内,用M2.5砂浆砌筑,以增加墙身稳定性。

4)护栏

为了增加驾驶员在心理上的安全感,保证交通安全,在地形险峻地段,过高过长(墙顶高出地面 6m 以上,且连续长度大于 20m)的路肩墙或弯道处的路肩墙,需在墙顶设置护栏等防护设施。为保持路肩宽度,护栏内侧边缘距路面边缘的距离,应满足路肩最小宽度的要求。二、三级路不小于 0.75m,四级路不小于 0.5m。

3. 墙背填料

砌体砂浆强度达 70% 以上时,方可回填墙背填料,并应优先选择渗水性较好的砂砾土填筑。浸水挡土墙背应全部用水稳性和透水性较好的材料填筑。墙背回填要均匀摊铺平整,并设不小于 3% 的横坡逐层填筑,逐层夯实。每层压实厚度不宜超过 20cm,碾压机具和填料性质、厚度及碾压遍数应经过试验确定。

二、基础

在实际工程中,挡土墙的破坏在多数情况下,都是由于地基不良和基础处理不当引起的。因此,基础设计是挡土墙设计的重要内容,必须充分重视基础的设计与施工。

基础设计,包括选择基础类型和确定基础埋置深度两项主要内容。

1. 基础形式

普通重力式挡土墙一般采用明挖基础。当基底松软或水下挖基困难时,可采用换填基础、桩基础或沉井基础。大多数挡土墙都是直接砌筑在天然地基上的(图 5-4)。当地基承载力不足且墙趾处地形平坦时,为减小基底应力和增加抗倾覆稳定性,常采用扩大基础[图 5-4a)];当地基压应力超过地基承载力过多时,需要加宽的值较大,可采用钢筋混凝土底板基础[图 5-4b)];当挡土墙修筑在陡坡上,而地基又为稳定完整坚实的岩石时,为节省圬工和基础开挖数量,可采用切割台阶基础[图 5-4c)];如局部地基软弱,挖基困难或需跨越沟涧时,可采用拱形基础[图 5-4d)]跨过。如果地基为软弱土层,如淤泥、软黏土等,可采用砂砾、碎石、矿渣或石灰土等材料予以换填,以此来扩散地基应力。

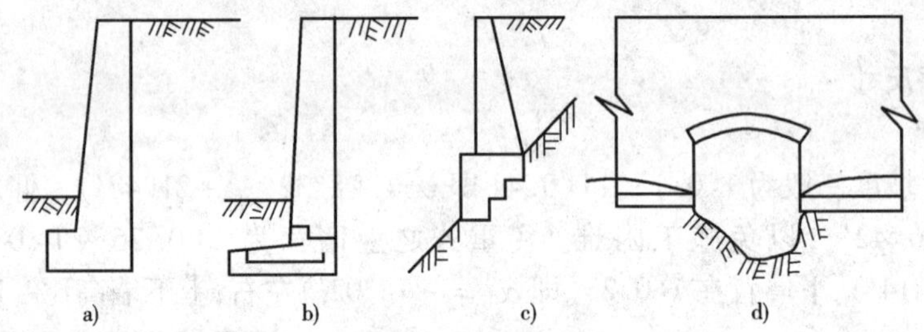

图 5-4 挡土墙的基础形式

a)加宽墙趾;b)钢筋混凝土底板;c)台阶基础;d)拱形基础

扩大基础是将墙趾或墙踵部分加宽成台阶,也可同时将两侧加宽,以增大承压面积,减小基底应力。台阶的宽度视基底应力需要减小的程度和加宽后的合力偏心距大小而定,一般不宜小于 0.2m。台阶高度按加宽部分的抗剪、抗弯和基础材料的扩散角(刚性角)要求确定。高宽比可采用 3:2或 2:1。

当基底应力超出地基容许承载力过多时,基底需加宽的数值较大,台阶高度亦随之增加。为减小台阶高度,基础可改为钢筋混凝土底板;底板高度根据剪应力和主拉应力的要求确定。

切割台阶基础,每一台阶的宽度需要根据地形和地质条件而定,高、宽比不宜大于 2:1。最下一个台阶的底宽应满足偏心距的有关规定,一般不宜小于 1.5 ~ 2.0m。其余台阶的宽度不宜小于 0.5m,高度一般约为 1.0m。

2. 基础埋置深度

为保证挡土墙的稳定性,必须根据下列要求,将基础埋入地面以下适当深度。

(1)应保证基底土层的容许承载力大于基底可能出现的最大应力。不同深度的土层具有不同的承载力。基底应力分布因基础埋置深度不同而有所差异,埋入土中的基础,基底应力分布比置于地面的均匀。所以,应将基础埋置到具有足够承载力的土层上,以避免地基产生剪切破坏,保证基础稳定。

(2)应保证基础不受冲刷。在墙前地基受水冲刷地段,如未采取专门的防冲刷措施,应将基础埋到冲刷线以下,以免基底和墙趾前的土层被水掏蚀。

(3)在季节性冰冻地区,应将基础埋置到冰冻线以下,以防止地基因冻融而破坏。

对于上述要求,公路上的一般规定是:

①冻胀地区,当冻结深度小于或等于1m时,基底应在冻结线以下不小于0.25m,并应符合基础最小埋置深度不小于1m的要求。

②当冻结深度超过1m时,基底最小埋置深度不小于1.25m,还应将基底至冻结线以下0.25m深度范围的地基土换填为弱冻胀材料。

③受水流冲刷时,应按路基设计洪水频率计算冲刷深度,基底应置于局部冲刷线以下不小于1m处。

④路堑式挡土墙基础顶面应低于路堑边沟底面不小于0.5m。

⑤在风化层不厚的硬质岩石地基上,基底一般应置于基岩表面风化层以下;在软质岩石地基,基底最小埋置深度不小于1m。对碎石、砂类地基基础埋深不宜小于1m;对岩石地基,应清除表面风化层,如风化层较厚,基础应嵌岩0.25~1.0m,墙趾前应有足够的襟边宽度。

⑥挡土墙宜采用明挖基础。基底建筑在大于5%纵向斜坡上的挡土墙,基底应设计为台阶式。基础位于横向斜坡地面上时,前趾埋入地面的深度和距地表的水平距离应满足表5-2的要求。

斜坡地面基础埋置条件 表5-2

土层类别	最小埋入深度 h(m)	距地表水平距离 L(m)
较完整的硬质岩石	0.25	0.25~0.50
一般硬质岩石	0.60	0.60~1.50
软质岩石	1.00	1.00~2.00
土质	≥1.00	1.50~2.50

3. 砌筑

砌筑前,应将石料表面泥垢清扫干净并用水保持湿润。砌筑时,外面线应顺直整齐,内面线可大致顺适,砌筑过程中应经常校正线杆。浆砌石底面应卧浆铺砌,立缝填浆补实,不得有空隙和立缝贯通现象。施工缝位置宜设在伸缩缝和沉降缝处,水平缝应一致。分段砌筑时,相邻段的高差不宜超过1.2m。砌体外的浆缝需留1.2cm深的缝槽,以便砂浆勾缝。

1)浆砌片石

浆砌片石宜分层砌筑,应长短相间地与里层砌块咬接成一体,上下层石块交错排列,避免竖缝重合。砌体中的片石应大小搭配,相互错叠,咬紧密实,较大的片石,宜用在下面并配有小石块,作挤浆填缝之用,片石间以砂浆隔开。

2)浆砌块石

用做镶面的块石,表面四周应修整,块石应平砌,每层石料高度应做到基本齐平。外圈定位和镶面的石块应一丁一顺排列。

3)料石砌筑

每层镶面料石均应事先按规定灰缝宽及错缝要求配好石料,再用铺浆法顺序砌筑和随砌随填立缝,并应先砌角石。镶面石砌筑完毕后,方可砌填芯石,其高度与镶面石齐平。

三、排水设施

挡土墙设计一般都以天然地基容许承载力和自然状态下的墙背土体的土压力为依据。如排水不良,地基和墙背土体将由于水分增加而改变原来的状态,导致地基承载力降低和土压力增加。同时,土体内水分过多时,将产生静水压力;在冰冻地区,还将产生冻胀压力;对黏性土,水分增加时将产生膨胀压力。显然,当附加的压力过大以致超出设计计算土压力,或地基承载力过分降低以致低于设计基底应力时,挡土墙的稳定性和强度难以保证。挡土墙排水处理是否得当,直接影响到挡土墙的安全及使用效果。因此,挡土墙设置有效排水设施以疏干墙后填料中的水分对保证挡土墙稳定性和强度具有重要的意义。

挡土墙常用的排水设施可分为地面排水和墙身排水两部分。

地面排水主要是防止地表水渗入墙背土体或地基。主要措施包括:在墙后地面设置地面排水沟、引排地面水,夯实地表松土,必要时采取封闭处理;对路堑挡土墙墙趾前的边沟予以铺砌加固等。

墙身排水主要是为了迅速排除墙后土内积水。浆砌挡土墙应根据渗水量在墙身适当的高度处布置一排或数排泄水孔(图5-5),泄水孔尺寸可视泄水量大小分别采用5cm×10cm、10cm×10cm、15cm×20cm的矩形孔,或直径为5~10cm的圆形孔。泄水孔间距一般为2~3m,干旱地区可适当增大,渗水量大时可适当加密。上下排泄水孔交错布置。为保证顺利泄水和避免墙外水流倒灌,泄水孔应向外侧倾斜,最下一排泄水孔出口应高出地面或边沟、排水沟及积水地区的常水位0.3m。为防止水分渗入地基,在最下一排的底部需铺设30cm厚的黏土防水层。在墙背泄水孔的进水口附近应设置0.3m厚粗粒料(砂夹碎石)反滤层,以避免阻塞泄水孔。墙背反滤层底设一条ϕ100mm软式纵向排水管。当墙背透水性差或可能发生冻胀时,应在最低一排泄水孔至墙顶以下0.5m高度范围内铺设砂卵石排水层(图5-5)。

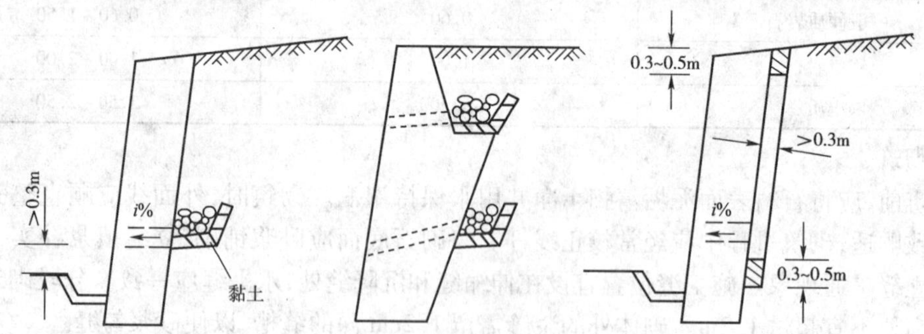

图5-5 挡墙排水孔及反滤层的构造

四、沉降缝与伸缩缝

为防止因地基不均匀沉降而引起墙身开裂,需根据地基地质条件和墙高、墙身断面变化情况,设置沉降缝。为防止墙身因圬工砌体砂浆硬化收缩,或温度变化所产生的温度应力引起开裂,需设置伸缩缝。

设计时，通常将沉降缝和伸缩缝合并设置，统称为伸缩缝。沿路线方向每隔 10 ~ 15m 设一道，缝宽一般为 2 ~ 3cm，缝内可用胶泥填塞，但在渗水量大、填料容易流失或冻害严重地区，宜用沥青麻筋或涂以沥青的木板等具有弹性的材料，沿内、外、顶三方填塞，填深不宜小于 15cm。当墙背为填石且冻害不严重时可不填缝。

干砌挡土墙，缝的两侧应选用平整石料砌筑，使成垂直通缝。

任务2 挡土墙设计计算

一、荷载

确定作用于挡土墙上的荷载是挡土墙设计的关键。《公路路基设计规范》(JTG D30—2004)采用以极限状态设计的分项系数法为主的设计方法。

挡土墙构件承载能力极限状态设计采用的一般表达式为：

$$\gamma_0 S \leqslant R \tag{5-1}$$

$$R = R\left(\frac{R_k}{\gamma_f}, a_d\right) \tag{5-2}$$

式中：γ_0——结构重要性系数，按表 5-3 的规定采用；

S——作用(或荷载)效应的组合设计值；

$R(\ )$——挡土墙结构抗力函数；

R_k——抗力材料的强度标准值；

γ_f——结构材料、岩土性能的分项系数；

a_d——结构或结构构件几何参数的设计值，当无可靠数据时，可采用几何参数标准值。

作用在挡土墙上的荷载，按其作用性质分为永久作用(或荷载)、可变作用(或荷载)、偶然作用(或荷载)。具体分类见表 5-4。

结构重要性系数 γ_0 表 5-3

墙高	公路等级	
	高速公路、一级公路	二级及以下公路
≤5.0m	1.0	0.95
>5.0m	1.05	1.0

荷载分类 表 5-4

作用(或荷载)分类	作用(或荷载)名称
永久作用(或荷载)	挡土墙结构重力
	填土(包括基础襟边以上土)重力
	填土侧压力
	墙顶上的有效永久荷载
	墙顶与第二破裂面之间的有效荷载
	计算水位的浮力及静水压力
	预加力
	混凝土收缩及徐变
	基础变位影响力

续上表

作用(或荷载)分类		作用(或荷载)名称
可变作用(或荷载)	基本可变作用(或荷载)	车辆荷载引起的土侧压力
		人群荷载、人群荷载引起的土侧压力
	其他可变作用(或荷载)	水位退落时的动水压力
		流水压力
		波浪压力
		冻胀压力和冰压力
		温度影响力
	施工荷载	与各类型挡土墙施工有关的临时荷载
偶然作用(或荷载)		地震作用力
		滑坡、泥石流作用力
		作用于墙顶护栏上的车辆碰撞力

作用在一般地区挡土墙上的力,可只计算永久作用(或荷载)和基本可变作用(或荷载),浸水地区、地震动峰值加速度值为0.2g及以上的地区,产生冻胀力的地区等,尚应计算其他可变作用(或荷载)和偶然作用(或荷载),作用(或荷载)组合可按表5-5进行。

常用作用(或荷载)组合 表5-5

组合	作用(或荷载)名称
I	挡土墙结构重力、墙顶上的有效永久荷载、填土重力、填土侧压力及其他永久荷载组合
II	组合I与基本可变荷载相组合
III	组合II与其他可变荷载、偶然荷载相组合

注:①洪水与地震力不同时考虑;

②冻胀力、冰压力与流水压力或波浪压力不同时考虑;

③车辆荷载与地震力不同时考虑。

浸水挡土墙墙背为岩块和粗粒土(粉砂除外)时,可不计墙身两侧静水压力和墙背动水压力。

墙身所受浮力,应根据地基地层的浸水情况按下列原则确定:

(1)砂类土、碎石类土和节理很发育的岩石地基,按计算水位的100%计算。

(2)岩石地基按计算水位的50%计算。

二、挡土墙基础设计及稳定性验算

挡土墙的设计方法有容许应力法和极限状态法两种。容许应力法是把结构材料视为理想的弹性体,在荷载作用下产生的应力和变形不超过规定的容许值。极限状态法是根据结构在荷载作用下的工作特征,在容许应力法基础上发展形成的一种设计方法。这种方法不再采用均质弹性体的假定,而是承认结构在临近破坏时处于弹塑性工作阶段,以结构物在各种荷载组合情况下均不得达到其极限状态为前提,同时具有足够的安全储备。因此,本节主要介绍挡土墙设计中采用的极限状态法。

1. 挡土墙的破坏形式及稳定性要求

重力式挡土墙的破坏形式及原因如下:

(1)由于基础滑动而造成的破坏;

(2)由于绕墙趾转动所引起的倾覆;

(3)因基础产生过大或不均匀的沉陷而引起的墙身倾斜;

(4)因墙身材料强度不足而产生的墙身剪切破坏;

(5)沿通过墙踵的某一滑动圆弧的浅层剪切破坏和沿基底下某一深度(如通过软土下卧层底面)的滑弧的深层剪切破坏。

为避免挡土墙发生上述破坏,保证其具有足够的整体稳定性和强度,设计挡土墙时,一般均应验算沿基底的滑动稳定性,绕墙趾转动的倾覆稳定性,基底应力和偏心距,以及墙身断面的强度,如地基有软弱下卧层存在,还需验算沿基底下某一可能的滑动面滑动的稳定性。

挡土墙的验算,系按平面问题取单位长度来进行。验算项目和指标要求如表5-6所示。

挡土墙验算项目及控制指标 表5-6

要　求	项　目	指　标
1. 不产生墙身沿基底的滑动破坏	滑动稳定性	(1)荷载组合Ⅰ、Ⅱ、Ⅲ时:$K_c \geqslant 1.3$; (2)施工验收阶段:$K_c \geqslant 1.2$
2. 不产生墙身绕墙趾倾覆	倾覆稳定性	(1)荷载组合Ⅰ、Ⅱ时:$K_0 \geqslant 1.5$; (2)荷载组合Ⅲ时:$K_0 \geqslant 1.3$; (3)施工验收阶段:$K_0 \geqslant 1.2$
3. 地基不出现过大的沉陷	基底应力	基底最大压应力不大于地基容许承载力$[\sigma_0]$;当为作用(或荷载)组合Ⅲ及施工荷载时,且$[\sigma_0]>150$kPa时,可提高25%
4. 不出现因基底不均匀沉陷而引起墙身倾斜	偏心距	作用于基底合力的偏心距e_0: (1)对土质地基不应大于$B/6$; (2)岩石地基不应大于$B/4$

2. 挡土墙稳定性验算

1)抗滑稳定性验算

摩阻力抵抗挡土墙滑移的能力,用抗滑稳定系数K_c表示,即抗滑力与滑动力之比。

(1)滑动稳定方程:

$$[1.1G+\gamma_{Q1}(E_y+E_x\tan\alpha_0)-\gamma_{Q2}E_p\tan\alpha_0]\mu+(1.1G+\gamma_{Q1}E_y)\tan\alpha_0-\gamma_{Q1}E_x+\gamma_{Q2}E_p>0 \tag{5-3}$$

式中:G——作用于基底以上的重力(kN),浸水挡土墙的浸水部分应计入浮力;

E_y——墙后主动土压力的竖向分量(kN);

E_x——墙后主动土压力的水平分量(kN);

E_p——墙前被动土压力的水平分量(kN),当为浸水挡土墙时,$E_p=0$;

α_0——基底倾斜角(°),基底为水平时,$\alpha_0=0$;

γ_{Q1}、γ_{Q2}——主动土压力分项系数、墙前被动土压力分项系数,可按前述表的规定采用;

μ——基底与地基间的摩擦系数,当缺乏可靠试验资料时,可按表5-7的规定采用。

基底与基底土间的摩擦系数μ 表5-7

地基土的分类	摩擦系数μ	地基土的分类	摩擦系数μ
软塑黏土	0.25	碎石类土	0.50
硬塑黏土	0.30	软质岩石	0.40~0.60
砂类土、黏砂土、半干硬的黏土	0.30~0.40	硬质岩石	0.60~0.70
砂类土	0.40		

(2)抗滑动稳定系数 K_c 按下式计算：

$$K_c = \frac{[N + (E_x - E'_p)\tan\alpha_0]\mu + E'_p}{E_x - N\tan\alpha_0} \tag{5-4}$$

式中：N——作用于基底上合力的竖向分力(kN)，浸水挡土墙应计浸水部分的浮力；

E'_p——墙前被动土压力水平分量的0.3倍(kN)。

2)抗倾覆稳定性验算

为保证挡土墙的抗倾覆稳定性，必须验算它抵抗墙身绕墙趾向外转动倾覆的能力，用抗倾覆稳定系数 K_0 表示，即对于墙趾的总稳定力矩 $\sum M_y$ 与总倾覆力矩 $\sum M_0$ 之比。

(1)倾覆稳定方程：

$$0.8GZ_G + \gamma_{Q1}(E_yZ_x - E_xZ_y) + \gamma_{Q2}E_pZ_p > 0 \tag{5-5}$$

式中：Z_G——墙身重力、基础重力、基础上填土的重力及作用于墙顶的其他荷载的竖向力合力重心到墙趾的距离(m)；

Z_x——墙后主动土压力的竖向分量到墙趾的距离(m)；

Z_y——墙后主动土压力的水平分量到墙趾的距离(m)；

Z_p——墙前被动土压力的水平分量到墙趾的距离(m)；

(2)抗倾覆稳定系数 K_0 按下式计算：

$$K_0 = \frac{GZ_G + E_yZ_x + E'_pZ_p}{E_xZ_y} \tag{5-6}$$

3.基底应力及合力偏心距验算

为了保证挡土墙基底应力不超过地基容许承载力，应进行基底应力验算；同时，为了避免挡墙不均匀沉陷，应控制作用于挡土墙基底合力的偏心距。

(1)基底合力的偏心距 e_0 可按下式计算：

$$e_0 = \frac{M_d}{N_d} \tag{5-7}$$

式中：N_d——作用于基底上的垂直力组合设计值(kN/m)；

M_d——作用于基底形心的弯矩组合设计值(MPa)。

(2)进行挡土墙地基计算时，在各类作用(或荷载)组合下，作用效应组合设计值计算式中的作用分项系数，除被动土压力分项系数 $\gamma_{Q2}=0.3$ 外，其余作用(或荷载)的分项系数规定均等于1。

(3)基底压应力 σ 应按下列公式计算：

$$|e| \leqslant \frac{B}{6}\text{时}, \sigma_{1,2} = \frac{N_d}{A}\left(1 \pm \frac{6e}{B}\right) \tag{5-8}$$

位于岩石地基上的挡土墙：

$$e > \frac{B}{6}\text{时}, \sigma_1 = \frac{2N_d}{3\alpha_1}, \sigma_2 = 0 \tag{5-9}$$

$$a_1 = \frac{B}{2} - e_0 \tag{5-10}$$

式中：σ_1——挡土墙趾部的压应力(kPa)；

σ_2——挡土墙踵部的压应力(kPa)；

B——基底宽度(m)，倾斜基底为其斜宽；

A——基础底面每延米的面积，矩形基础为基础宽度 $B\times1(m^2)$。

基底合力的偏心距 e_0，对土质地基不应大于 $B/6$；岩石地基不应大于 $B/4$。基底压应力不应大于基底的容许承载力$[\sigma_0]$；基底容许承载力值可按现行《公路桥涵地基与基础设计规范》(JTG D63—2007)的规定采用，当为作用(或荷载)组合 III 及施工荷载时，且$[\sigma_0]>150$kPa 时，可提高 25%。

4. 重力式挡土墙计算

重力式挡土墙、半重力式挡土墙的墙身材料强度可按现行《公路圬工桥涵设计规范》(JTG D61—2005)的规定采用。必要时应作墙身的剪应力检算。

(1)重力式挡土墙按承载能力极限状态设计时，在某一类作用(或荷载)效应组合下，作用(或荷载)效应的组合设计值，可按公式(5-11)计算。圬工构件或材料的抗力分项系数 γ_f 按表 5-8 采用。

$$S=\psi_{ZL}(\gamma_G\sum S_{Gik}+\sum\gamma_{Q_i}S_{Qik}) \tag{5-11}$$

式中：S——作用(或荷载)效应的组合设计值；

γ_G、γ_{Qi}——作用(或荷载)的分项系数，按表 5-9 采用；

S_{Gik}——第 i 个垂直恒载的标准值效应；

S_{Qik}——土侧压力、水浮力、静水压力、其他可变作用(或荷载)的标准值效应；

ψ_{ZL}——荷载效应组合系数。

圬工构件或材料的抗力分项系数 γ_f 表 5-8

圬工种类	受力情况	
	受压	受弯、剪、拉
石料	1.85	2.31
片石砌体、片石混凝土砌体	2.31	2.31
块石、粗料石、混凝土预制块、砖砌体	1.92	2.31
混凝土	1.54	2.31

承载能力极限状态作用(或荷载)分项系数 表 5-9

情况	荷载增大对挡土墙结构起有利作用时		荷载增大对挡土墙结构起不利作用时	
组合	I、II	III	I、II	III
垂直恒载 γ_G	0.90		1.20	
恒载或车辆荷载、人群荷载的主动土压力 γ_{Q1}	1.00	0.95	1.40	1.30
被动土压力 γ_{Q2}	0.30		0.50	
水浮力 γ_{Q3}	0.95		1.10	
静水压力 γ_{Q4}	0.95		1.05	
动水压力 γ_{Q5}	0.95		1.20	

荷载效应组合系数 ψ_{ZL} 按表 5-10 采用。

荷载效应组合系数 ψ_{ZL} 值 表 5-10

荷载组合	ψ_{ZL}	荷载组合	ψ_{ZL}
Ⅰ、Ⅱ	1.0	施工荷载	0.7
Ⅲ	0.8		

(2)挡土墙构件轴心或偏心受压时,正截面强度和稳定性按下列公式计算:

计算强度性时:

$$\gamma_0 N_d \leqslant \frac{a_k A R_a}{\gamma_f} \tag{5-12}$$

计算稳定性时:

$$\gamma_0 N_d \leqslant \frac{\psi_k a_k A R_a}{\gamma_f} \tag{5-13}$$

式中:N_d——验算截面上的轴向力组合设计值(kN);

γ_0——重要性系数;

γ_f——圬工构件或材料的抗力分项系数,按表 5-8 取用;

R_a——材料抗压极限强度(kN);

A——挡土墙构件的计算截面面积(m^2);

a_k——轴向力偏心影响系数,按公式(5-14)计算;

ψ_k——偏心受压构件在弯曲平面内的纵向弯曲系数,按公式(5-16)采用;轴心受压构件的纵向弯曲系数,可采用表 5-11 的规定。

轴心受压构件纵向弯曲系数 ψ_K 表 5-11

2H/B	混凝土构件	砌体砂浆强度等级	
		M10、M7.5、M5	M2.5
≤3	1.00	1.00	1.00
4	0.99	0.99	0.99
6	0.96	0.96	0.96
8	0.93	0.93	0.91
10	0.88	0.88	0.85
12	0.82	0.82	0.79
14	0.76	0.76	0.72
16	0.71	0.71	0.66
18	0.65	0.65	0.60
20	0.60	0.60	0.54
22	0.54	0.54	0.49
24	0.50	0.50	0.44
26	0.46	0.46	0.40
28	0.42	0.42	0.36
30	0.38	0.38	0.33

$$a_k = \frac{1 - 256\left(\frac{e_0}{B}\right)^8}{1 + 12\left(\frac{e_0}{B}\right)^2} \tag{5-14}$$

式中：e_0——轴向力的偏心距（m），按式（5-15）采用；

B——挡土墙计算截面宽度（m）。

挡土墙墙身或基础为圬工截面时，其轴向力的偏心距 e_0 应符合表 5-12 的规定。

圬工结构轴向力合力的容许偏心距 e_0 表 5-12

荷 载 组 合	容许偏心距	荷 载 组 合	容许偏心距
Ⅰ、Ⅱ	0.25B	施工荷载	0.33B
Ⅲ	0.3B		

注：B 为沿力矩转动方向的矩形计算截面宽度。

$$e_0 = \left|\frac{M_0}{N_0}\right| \tag{5-15}$$

式中：M_0——在某一类作用（或荷载）组合下，作用（或荷载）对计算截面形心的总力矩（kN·m）；

N_0——某一类作用（或荷载）组合下，作用于计算截面上的轴向力的合力（kN）。

$$\psi_k = \frac{1}{1 + a_s\beta_s(\beta_s - 3)\left[1 + 16\left(\frac{e_0}{B}\right)^2\right]} \tag{5-16}$$

$$\beta_s = \frac{2H}{B} \tag{5-17}$$

式中：H——墙高（m）；

a_s——与材料有关的系数，按表 5-13 采用。

a_s 取 值 表 5-13

圬 工 名 称	浆砌砌体采用以下砂浆强度等级			混凝土
	M10、M7.5、M5	M2.5	M1	
a_s 值	0.002	0.0025	0.004	0.002

偏心受压构件除验算弯曲平面内的纵向稳定外，还应按轴心受压构件验算非弯曲平面内的稳定性。

重力式挡土墙轴向力的偏心距 e_0 应符合表 5-13 的规定。

混凝土截面在受拉一侧配有不小于截面面积 0.05% 的纵向钢筋时，表 5-12 中的容许规定值可增加 0.05B；当截面配筋率大于表 5-14 的规定时，按钢筋混凝土构件计算，偏心距不受限制。

按钢筋混凝土构件计算的受拉钢筋最小配筋率 表 5-14

钢筋牌号（种类）	钢筋最小配筋率（%）	
	截面一侧钢筋	全截面钢筋
Q235 钢筋（Ⅰ级）	0.20	0.50
HRB335、HRB400 钢筋（Ⅱ、Ⅲ级）	0.20	0.50

注：钢筋最小配筋率按构件的全截面计算。

5. 增加挡土墙稳定性的措施

1)增加抗滑稳定性的方法

(1)采用倾斜基底(图5-6)。采用向内倾斜的基底,可以增加抗滑力和减小滑动力,从而增加抗滑稳定性,这是增加挡墙抗滑稳定性的常用方法。

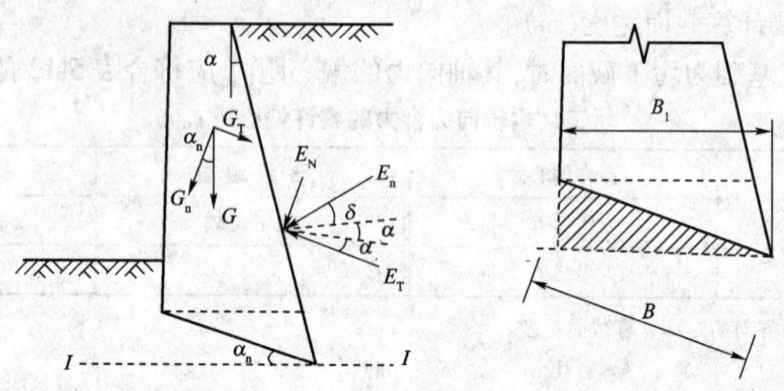

图5-6 采用向内倾斜的基底增加挡土墙抗滑稳定性

采用倾斜基底时,基底倾角 α_0 越大,对抗滑稳定性越有利,但应考虑挡土墙连同地基土体一起滑动的可能性,因此,对地基倾斜度应加以控制。通常,对土质地基,不陡于 1∶5($\alpha_n \leqslant 11°19'$);对岩石地基,不陡于 1∶3($\alpha_n \leqslant 16°42'$)。

(2)采用凸榫基础。在挡土墙底部设置混凝土凸榫基础的作用在于利用榫前被动土压力,增加其抗滑力,从而增加挡墙的抗滑稳定性。

为了增加榫前被动阻力,应使榫前土楔不超过墙趾。同时,为防止因设凸榫而增加墙背的主动土压力,应使凸榫后缘与墙踵的连线与水平线的夹角不超过土体内摩阻角 ϕ 角。因此,应将整个凸榫置于通过墙趾并与水平线成 $45° - \dfrac{\phi}{2}$ 角线和通过墙踵并与水平线成 ϕ 角线所形成的三角形范围内,如图5-7。

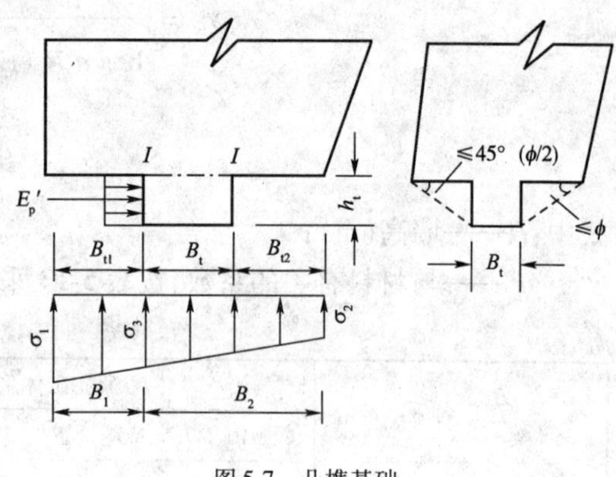

图5-7 凸榫基础

(3)采用人工基础。采用换土的办法,增加墙底与地基之间的摩阻系数,从而加大抗滑力,增加挡墙的抗滑稳定性。

2)增加抗倾覆稳定性的方法

根据抗倾覆稳定系数的计算原理,应采取加大稳定力矩和减小倾覆力矩的方法增加抗倾覆稳定性。

(1)展宽墙趾。展宽墙趾的作用是增大抗倾覆力矩的力臂,从而增加其抗倾覆稳定性,是增加挡墙抗倾覆稳定性的常用方法。但是,当墙趾前地面较陡时,墙趾加宽过多,将导致墙高和圬工体积显著增加。

(2)改变墙面及墙背坡度。改陡墙背坡度可减小土压力[图5-8b)],改缓墙面可加大抗倾覆力矩的力臂[图5-8a)]。但是,若墙趾前地面较陡,改缓面坡将引起基础外移,使墙高增加。

(3)改变墙身断面形式。不同的墙身断面形式具有不同的稳定性,就抗倾覆而言,衡重式

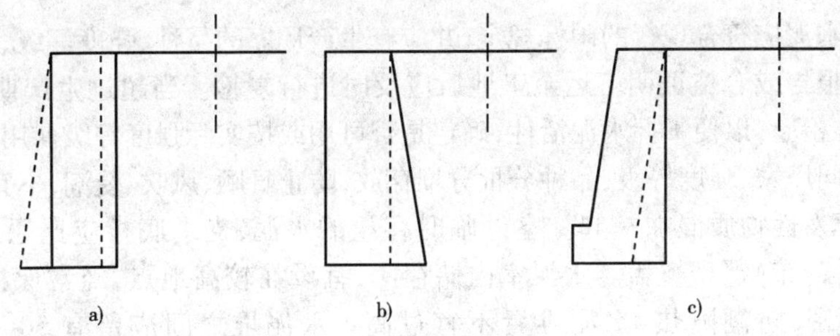

图 5-8　改变胸坡及背坡

a)改变胸坡;b)改陡俯斜墙背;c)改为仰斜墙背

优于仰斜式,仰斜式又优于俯斜式。设计时可根据地基和地面横坡情况选择适当的墙身断面形式,以增加挡墙的抗倾覆稳定性。

3)提高地基承载力或减小基底应力的方法

(1)采用人工基础。通过换土或人工加固地基的办法来扩散地基应力或提高地基承载力。

(2)采用扩大基础。扩大基础的目的是加大承压面积,以减小基底应力。

任务 3　挡土墙施工

一、施工准备

1. 清理施工场地与放线工作

清理挡土墙范围及挡土墙两端适当延长范围内的场地,铲除有机物和树根草丛,并碾压平整,合理布置堆料和施工场地。

路堑式挡土墙的内侧路基边坡应清刷整齐、干净,并注意边坡的稳定性。在受地面积水及地下水影响的土质不良地段,开工前应在墙趾外围开挖排水沟等排水设施。

开工前精确测定挡土墙处路基中心线及基础主轴线、墙顶轴线、挡土墙起讫点和横断面。每根轴线均应以四个桩点在基线两端延长线上予以固定(每端两点),并分别以素混凝土包封保护。

路基中轴线加密桩点及横断面测量按直线段每 15 ~ 20m 设一桩,曲线每段 5 ~ 10m 设一桩,并应根据地形起伏变化适当增补横断面。

放桩位时,应测定中心及挡土墙的基础地面高程,临时水准点应设置在施工干扰范围以外,施测结果应符合精度要求并与相邻路段水准点相闭合。

2. 技术准备

施工前应熟悉设计文件,会同有关人员进行现场核对。当设计与实际情况有出入时,应通知监理与设计单位协商修改。

根据对设计文件核对后的工程量、工程特点、工期要求和施工条件,结合实际设备能力,作出实施性施工组织设计。实施性施工组织设计的内容包括施工方法和措施、开工日及完工日,以及所需要的劳力、机械设备、主要材料数量、临时工程、场地布置及车辆运输等。

3. 材料

每批进场水泥应符合现行的国标规定，并应有生产厂家的品种、强度等级、日期、数量和厂家的品质试验报告或合格证明。运至工地后应及时进行复检。当超过生产期三个月或受潮时，须重新取样检验，以便掌握水泥活性，确定是否可用或按实际强度等级使用。

水泥按不同厂家、强度等级、品种分批分堆存放，防止日晒、风吹、受潮，不宜和其他化学药品、糖类及有挥发性物质混在一起。室外临时存放的水泥，支承底板应比原地面垫高20~30cm，用油毡（苫布）严密覆盖。水泥室内储存库，宜设在较高地点，经常保持通风干燥，墙壁及地板要严密，防潮隔热，水泥堆置不宜过高。水泥堆之间应留有50~60cm的人行通道。

钢筋应按类型、钢号、直径分类挂牌堆放，堆放高度应在地面以上30cm并加遮盖，避免锈蚀和污染。存放时应对钢筋外表的缺陷进行检查，发现有严重锈蚀、麻坑、劈裂、夹砂等，要用明显标记，并加以剔除。

每批钢筋进场，均应做拉力、冷弯、可焊性等试验，如不符合表5-15的规定，则应加倍取样再做试验，如其中仍有一根不合格，这批钢筋可不予验收或根据试验结果降低等级使用。

对经检验合格用于锚杆、拉筋等的钢筋，应分别配套加工制作，并进行除锈处理，刷防锈漆两遍，存放在通风干燥处，遮盖严密，禁止日晒雨淋。

二、挡土墙基础

1. 基坑开挖

基础的各部尺寸、形状以及埋置深度，均应按照设计要求进行施工。基坑的开挖尺寸，应满足基础施工的要求，基坑底平面一般宜大于基础外缘0.5~1.0m。渗水基坑的开挖尺寸，应考虑基坑排水设施，包括排水沟、集水坑、管网和基础模板等所需大小而定。

基础开挖后，若基底土质与设计情况有出入时，应按实际情况及时进行变更设计。在松散软弱土质地段，基坑不宜全段连通开挖，而应采用跳槽开挖。

任何土质基坑，挖至设计高程后不得长时间暴露或扰动、浸泡，防止削弱其承载能力。当开挖接近基底高程时，宜保留10~20cm厚度，并在基础施工前以人工突击挖除。

基坑开挖不应破坏基底土的结构，如有超挖或扰动，应将原土回填，且必须夯压密实或作换土处理。

挖基弃土堆置地点，不得妨碍其他作业或影响坑壁稳定。

当基底土质为碎石土、砂性土或黏性土时，应整平夯实。

在天然地基土层上挖基，若深度在5.0m以内，施工期较短，基底处于地下水位以上，土的湿度正常，构造均匀，其开挖坑壁坡度可参照表5-16选定。

基坑可采用垂直开挖、放坡开挖、支撑加固或其他加固的开挖方法。有地面水淹没的基坑，可采用修筑围堰、改河、改沟、筑坝等措施，排开地面水后再开挖。

当排水挖基有困难或遇有流沙、涌泥现象，但具有水中挖基设备时，可采用下列水中挖基方法。但遇有特殊水文地质时，也可采用桩基及沉井等基础。

(1)挖掘机水中挖基。适用于各种土质基坑，但开挖时不要破坏基坑边坡的稳定，可采用反铲挖掘和吊机配合抓斗挖掘。

(2)水力吸泥机。适用于砂类土、砾卵石类土。不受水深限制，其出土效率随水压、水量的增加而提高。

钢筋的力学、工艺性能

表 5-15

品种	强度等级代号（牌号）	公称直径（mm）	屈服强度 P_{el}【σ_s】（MPa）	抗拉强度 R_s【σ_b】（MPa）	伸长率（%）断后伸长率 A【σ_{10}】	伸长率（%）最大力总伸长率 A_{gt}【σ_{100}】	冷弯 d = 弯心直径 a = 钢筋公称直径	反向弯曲 正弯 90°，反弯 20°	应力松弛 $\sigma_{con}=0.7\sigma$ 1 000h 不大于，%	应力松弛 $\sigma_{con}=0.7\sigma$ 10h 不大于，%	备注
外形			不小于								
光圆钢筋	HPB235	6～22	235	370	25	10	180° $d=a$				摘自《钢筋混凝土用热轧光圆钢筋》（GB 1499.1—2008）
	HPB235		300	420							
热轧带肋钢筋	HRB335 HRBF335	6～25	300	455	17	7.5	180° $3a$				摘自《钢筋混凝土用热轧带肋钢筋》（GB 1499.2—2000）
		28～40					180° $4a$				
		>25～40					180° $5a$				
	HRB400 HRBF400	6～25	400	540	16		180° $4a$				
		28～40					180° $5a$				
		>25～40					180° $6a$				
	HRB500 HRBF500	6～25	500	630	15		180° $5a$				
		28～40					180° $6a$				
		>25～40					180° $7a$				
余热处理（月牙肋）钢筋	KL400（20MnSi）	8～25	440	600	$\sigma_5=14$		90° $d=3a$				摘自《钢筋混凝土用余热处理钢筋》（GB 13014—91）
		28～40					90° $d=4a$				
冷轧带肋钢筋	CRB550	4～12		550	8		180° $d=3a$		—	—	摘自《冷轧带肋钢筋》（GB 13788—2000）
	CRB650			650		4		—	8	5	
	CRB800			800		4		—	8	5	
	CRB970			970		4		—	8	5	
	CRB1170			1 170		4		—	8	5	
普通低碳钢筋	Q235	8～10	235	410	23		180° $d=0.5a$				摘自《低碳钢热轧圆盘条》（GB/T 701—1997）
	Q215		215	375	27		$d=0$				

注：【　】内表示余热处理（月牙肋）钢筋、冷轧带肋钢筋、普通低碳钢筋采用的标准。

基坑坑壁坡度 表5-16

坑壁土类	坡度		
	顶缘无荷载	顶缘有静载	顶缘有动载
砂类土	1:1	1:1.25	1:1.5
碎卵石土	1:0.75	1:1	1:1.25
砂性土	1:0.65	1:0.75	1:1
黏性土、黏土	1:0.33	1:0.5	1:075
极软岩	1:0.25	1:0.33	1:0.67
软质岩	1:0	1:0.1	1:0.25
硬质岩	1:0	1:0	1:0

注:①如土的湿度过大,能引起坑壁坍塌,坑壁坡度可采用该湿度下的天然坡度;

②通过不同土层时,边坡可分层选定,并酌留平台;

③山坡上开挖基坑,如地质不良时,注意防止滑坍;

④岩石的饱和抗压极限强度(MPa)<5、5~30、>30时,分别定为极软、软质、硬质岩。

(3)空气吸泥机。适用于水深5.0m以上的砂类土或有少量碎卵石的基坑。在黏土层使用时,应与射水配合进行,吸泥时应同时向基坑内注水,基坑内水位应高于天然水位约1.0m,防止流沙或涌泥。

2. 地基与基础

挡土墙基础为倾斜基底及墙趾设台阶时,应严格按照基底坡度、基底高程及台阶宽度开挖,保持地基土的天然结构。

挡土墙基础置于风化岩上时,应按基础尺寸凿除表面已风化的表面岩层,在砌筑基础的同时,将基坑填满、封闭。

岩石地基挖基时如遇缺口,可采用局部拱形基础,以石砌拱圈跨过,其上砌筑墙身。但土压力不宜过大,且应对拱圈进行验算,如图5-4d)所示。

当基底为软弱土层时,应按有关规范作特殊处理。

当地基岩层有孔洞裂缝时,应视裂缝的张开度,分别用水泥砂浆、小石子混凝土、水泥—水玻璃或其他双液型浆液等浇筑饱满。基底岩层有外露软弱夹层时,宜在墙趾前对此层作封面保护。

基坑完成后,按基底纵轴线结合横断面放线复验,确认位置、高程无误并经监理签认后,方可进行基础施工。当基础完成后,应立即回填,以小型压实机械进行分层夯实,并在表面留3%的向外斜坡,防止积水渗入基底。

膨胀土可分强、中、弱三个级别。对中、强膨胀土地基应采取以下相应的改性措施:

(1)掺加石灰水泥进行改性处理,石灰用量一般为6%~10%。石灰与水泥质量比一般为2:1~3:1。

(2)加强土的粉碎和拌和的均匀性,土块应粉碎在5cm以下,一般处治深度应不小于30cm。基底应夯压密实。

(3)应避开雨季作业,做排水设施。

(4)应分段连续施工,及时封闭,做好防水、保湿工作。

三、防、排水设施

挡土墙施工时,应按设计设置排水设施,并应采取措施,疏干墙后填料中的水分,防止墙后积水，避免墙身承受额外的静水压力，减少季节性冰冻地区填料的冻胀压力。

路堑墙墙后的地面，在施工时应先作好排水处理，设置排水沟，引排地面水，夯实地表松土，减少雨水和地面水下渗。墙趾前的边沟应予铺砌加固。

挡土墙墙面应按设计要求的间距设置泄水孔，最下一排泄水孔应高出施工后的实际地面线30cm，若为路堑墙，出水口应高出边沟水位30cm。

泄水孔尺寸应视泄水量大小而定，可为5cm × 10cm、10cm × 10cm、15cm × 20cm 或直径5 ~ 10cm的圆孔，孔底一般应有向外的排水坡，上下泄水孔应错开布置。

在施工中，墙身如为浆砌石料或现浇混凝土时，应按设计要求进行泄水孔的预留孔或预埋，当为预制面板时，应按面板排列位置，在预制过程中预留孔位。

当墙后填料为黏性土时，水分不易渗透入泄水孔排走，应按设计要求在填料与墙背之间，用渗水材料（砂砾或碎石）填筑墙顶至最下排泄水孔间的连续排水层，上下两端以黏土作封闭层（图5-9）。

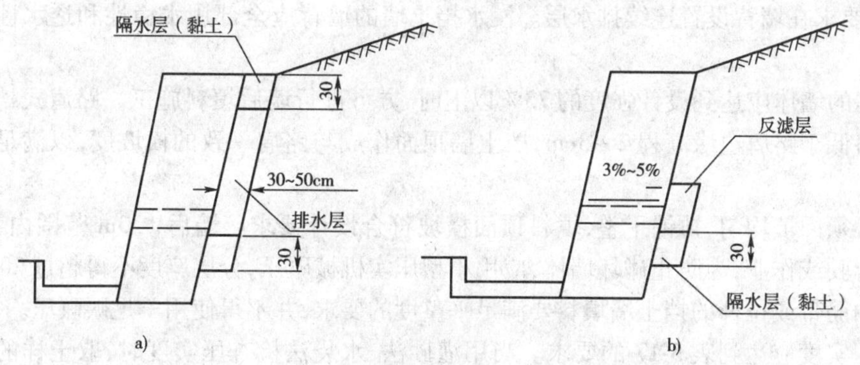

图5-9　防、排水层

a）连续排水层；b）黏土隔水层

墙后填料为渗水土时，为防止堵塞，应按设计要求在泄水孔进水端设置砂砾反滤层，并在最下一排泄水孔的下端设置隔水层，进行捣实，防止水分渗入基础，如图5-9所示。

当墙后水量较大时，可在排水层底部加设纵向渗沟，配合排水层把水引出墙外，如遇有泉水、渗水等地段，应设纵、横向暗沟，将水引出。

反滤层的粒径宜在0.5 ~ 50mm之间，符合一般级配要求，并筛选干净，可用薄隔板按各层厚度隔开，自下而上逐步抽出隔板，以达到设计要求。

防、排水设施应与墙体施工同步进行，同时完成。

四、沉降缝与伸缩缝

挡土墙施工时，应根据设计分段长度，结合墙址处实际地形、水文、地质变化情况，设置沉降缝和伸缩缝。沉降缝和伸缩缝可合并设置。

各种类型挡土墙的竣工分段长度，均应符合有关规范的相应规定。

沉降缝、伸缩缝的缝宽应整齐一致，上下贯通。当墙身为圬工砌体时，缝的两侧应选用平整石料砌筑，做成垂直通缝。当墙身为现浇混凝土时，应待前一节段侧模拆除后，安装沉降、伸缩缝的填塞材料，再浇筑相邻的下一节段。

沉降缝、伸缩缝的缝宽一般为2 ~ 3cm，沿墙的内、外、顶三边缝内填塞胶泥并捣实，自墙顶一直做到基底。但在渗水量大、填料易于流失或冻害严重地区，宜用沥青麻筋、沥青竹绒、涂以沥青的软木板、刨花板或塑料泡沫板、渗滤土工织物等具有弹性的材料填塞，填入深度不宜小于15cm。

桩板式挡土墙、肋柱式锚杆挡土墙、肋柱式锚定板挡土墙等不专门设置沉降缝、伸缩缝的挡土墙，施工时，其挡土板间的间隙应参照沉降缝、伸缩缝的办法进行填缝处理。

五、墙背填料

挡土墙施工时，墙后应优先选择渗水性良好的砂类土、碎（砾）石类土进行填筑。严禁使用腐殖土、盐渍土、淤泥、白垩土及硅藻土作填料。填料中不应含有机物、冰块、草皮、树根等杂物及生活垃圾。

填料采集前应做好标准击实试验，提出填料的最佳含水率和最大干密度，以及相应的物理化学指标，据以控制压实质量。碾压前应进行碾压试验，根据碾压机具、填料性质及最佳含水率控制填料的松铺厚度，并分层压实。施工中亦可根据碾压试验的碾压遍数来指导施工。

当墙背采用透水性不良的填料时，除应做到拌和均匀，控制黏土块含量，控制最佳含水率外，还应按要求在墙背设置连续排水层。浸水挡土墙的墙背应全部用水稳性和透水性较好的材料填筑。

挡土墙的墙体应达到设计强度的75%以上时，方可进行墙后填料施工。路肩式挡土墙顶面高程应略低于路肩边缘高程2～3cm，挡土墙顶面作成与路肩一致的横坡度，以满足路面排水的需要。

墙后必须回填均匀，摊铺平整，填料顶面横坡符合设计要求。墙后1.0m范围内，不得有大型机械行驶或作业，为防止碰坏墙体，应用小型压实机械碾压，分层厚度不得超过20cm。

设有加筋带或拉杆的挡土墙填料要满足平整度的要求，并不得使用羊足碾碾压。

填料压实度应达到表5-17的要求。当用灌砂法、水袋法检查压实度时，取土样的底面位置为每一压实层底部；用环刀法试验时，环刀中部处于压实层厚度的1/2深度；用核子仪试验时，按说明书要求办理。

填料压实度表 表5-17

填土范围	路面底面以下深度（cm）	压实度（%）	
		高速公路、一级公路	二、三、四级公路
距面板内侧（或墙背）1m以外	路床0～80	≥95	≥93(95)
	上路堤80～150	≥93	≥90(90)
	下路堤150以下	≥90	≥90(90)
距面板内侧（或墙背）1m以内	全部墙高	≥90	≥90(90)

注：①表列压实度的数值系按交通运输部现行《公路土工试验规程》（JTG E40—2007）重型击实试验方法取得，对于三、四级公路允许采用轻型击实方法，采用括号内的数值；

②特殊干旱或特殊潮湿地区，表内压实度值可减少2%～3%。

六、重力式挡土墙

1. 砌块

砌筑墙体所用石料强度必须符合设计要求，应采用结构密实、石质均匀、不易风化又无裂缝的硬质石料。其强度等级以5cm×5cm×5cm含水饱和试件的极限抗压强度为准。

一月份平均气温低于－10℃的地区，所用的石料、混凝土材料须通过冻融试验：材料在含水饱和状态下经－15℃的冻结和融化循环25次后，材料无明显裂缝、脱层，其强度不低于冻融试验前的0.75倍。

墙体片石砌筑材料，厚度不应小于15cm，宽度及长度不小于厚度的1.5倍，质量约30kg。用做镶面的片石，宜选择表面较平整、尺寸较大者，并应加工修整，其强度应不小于30MPa。

墙体块石砌筑材料，形状应大致方正，上下面大致平整，厚度不小于20cm，宽度宜为厚度的1~1.5倍，长度为厚度的1.5~3倍。块石用做镶面时，由外露面四周向内加以修凿，其强度应不小于30MPa。

墙体粗料石砌筑材料，外形应方正呈大面体，厚度20~30cm，宽度为厚度的1~1.5倍，长为厚度的2.5~4倍，表面凹陷深度不大于2cm。用做镶面的粗料石，其丁石长度应比相邻顺石宽度大15cm，修凿面每10cm长须有錾路4~5条，正面凹陷深度不超过1.5cm，外露面应有细凿边缘，宽度为3~5cm。粗石料强度应不小于30MPa。

墙体混凝土预制砌筑材料，强度应符合设计要求，其规格可与粗石料相同，或根据砌体形式的需要和起吊搬运能力，决定预制块的形状、尺寸。砌体表面应整齐美观。

2. 砂浆

测定砂浆强度时，应制作尺寸为7.07cm×7.07cm×7.07cm的试件，在标准养护条件下（温度20℃±3℃，相对湿度60%~80%），取其28d的抗压强度（单位为MPa）。

砂浆的类别和强度，应符合设计规定。砂宜采用中砂或粗砂，当用于砌筑片石时，最大粒径不宜超过5mm，砌筑块石、粗料石、混凝土块时，不宜超过2.5mm。当采用细砂时，应适当增加水泥用量。

采用水泥石灰浆时，使用的石灰，宜在III级以上。其中CaO+MgO含量和细度要求，应符合《公路桥涵施工技术规范》（JTJ 041—2000）的规定。

砂浆须具有良好的和易性，砌体缝隙应填满压实，胶结牢固。对于吸水率较大的石料或在干燥多风季节，宜选用较大稠度。

稠度以标准圆锥体沉入度表示，可参考下列规定：

（1）砌片石、块石：5~7cm；

（2）砌料石、混凝土块：7~10cm；

（3）灌浆：10~15cm；

（4）零星工程可采用直观检查法，用手捏成小团，松手后不松散，又不会从灰刀上流下为度。

为改善砂浆和易性，可掺入无机或有机塑化剂，其掺量宜根据品种、厂家说明书和试验确定。当组成砂浆的材料变更时，配合比应重新试验。

砂浆的配合比可参照《砌筑砂浆配合比设计规程》（JGJ 98—2000），通过试验确定。砂浆应保证配合比称量准确。搅拌时颜色必须均匀一致，用料较多时，宜用机械搅拌，时间不少于2.5min。砂浆宜随拌随用，保持适当的稠度，一般宜在3~4h用完，气温超过30℃时，宜在2~3h用完。如在运输过程中发生离析、泌水，应重新拌和，已凝结的砂浆不能使用。

3. 小石子混凝土

用于砌筑片石、块石墙体的小石子混凝土，其配合比设计、材料规定应符合《公路桥涵施工技术规范》（JTJ 041—2000）的要求。可用卵石或碎石为粗集料，最大粒径不宜大于2cm。小石子混凝土拌和料，应具有良好的和易性，片石砌体坍落度为5~7cm，块石砌体7~10cm。为改善和易性及节约水泥，可通过试验，在拌和物中，掺加一定数量的外加剂或粉煤灰等混合材料。

圬工挡土墙常用材料最低强度等级要求见表5-18。

圬工挡土墙及附属构造物常用材料最低强度等级要求 表 5-18

圬工	材料最低等级				适用的构造物
	水泥砂浆	砖	石料	混凝土	
砖砌体	M2.5	MU7.5			四级公路上的一般地区挡土墙
片石砌体	M2.5		MU25		四级公路上的一般地区挡土墙
	M5		MU25		一般地区挡土墙,排水沟,截水沟
	M7.5		MU30		浸水挡土墙的浸水部分,急流槽,冲刷防护,严寒地区的截水沟
	M10		MU30		严寒地区、地震地区的挡土墙
混凝土或片石混凝土				C15	一般地区的挡土墙
				C20	严寒地区、地震地区的挡土墙
预制混凝土块砌体	M7.5			C15	一般地区挡土墙,排水沟、截水沟
	M10			C20	严寒地区、地震地区的挡土墙

注:①在缺乏水泥地区,可用M1.5石灰水泥砂浆,M1石灰砂浆砌筑或干砌;

②材料强度等级按《公路圬工桥涵设计规范》(JTG D61—2005)的规定来取定。

4.砌筑工艺要求

挡土墙砌筑前应将石料表面泥垢清扫干净,石料表面和基础垫层,均应用水湿润。

砌筑挡土墙时,应两面立杆挂线或样板挂线,外面线应顺直整齐,逐层收坡;内面线可大致顺直,应保证砌体各部尺寸符合设计要求,砌筑中应经常校正线杆,避免误差。

浆砌石底面应卧浆铺砌,应将砌好的石层孔隙用砂浆填满,所有工作缝应留斜槎。

砌筑基础时,基坑抽水应保证砌体砂浆不受水流冲刷。砌筑时应选择合理的供应石料及砂浆的方法:在数量零散,距地面不高时,可用简单的马凳跳板直接运送;距地面较高时,可根据工地条件,采用开架式吊机、固定式动臂吊机或桅杆式动臂吊机、各种木质扒杆或绳索吊机等小型起重设备,及铁链、吊筐、夹石钳等捆装设备;当工程量较大时,可采用卷扬机带动轻轨斗车上料或摇头摆杆式垂直提升。见图5-10和图5-11。

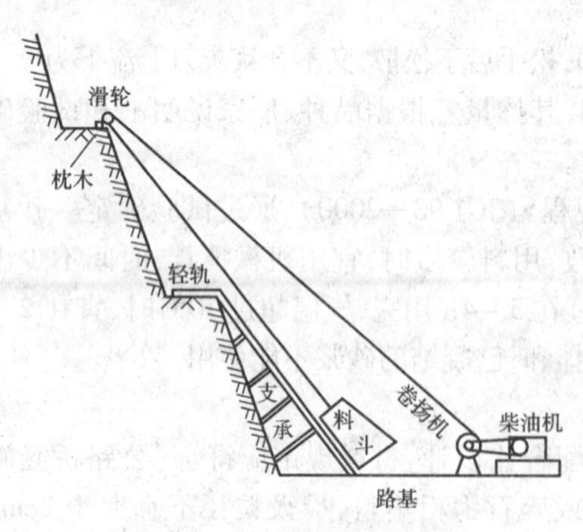

图5-10 卷扬机带动轻轨斗车上料

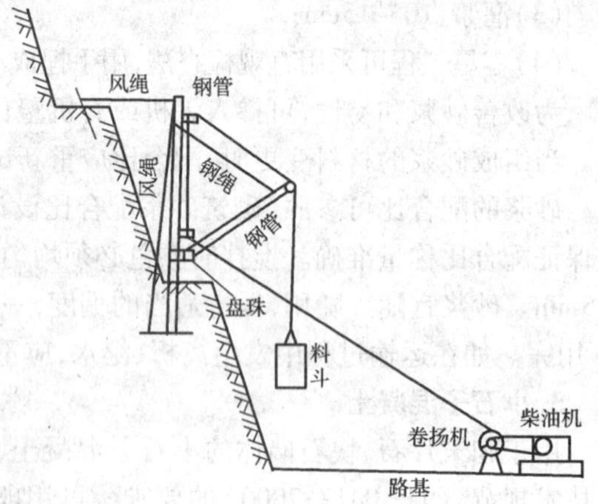

图5-11 卷扬机带动摆杆式垂直提升

施工分段位置,宜在伸缩缝和沉降缝处,各段水平缝应基本一致,采用分段砌筑时,相邻高差不宜超过1.2m。

正确设置预埋管道及预埋件泄水孔及沟槽等的位置。

砌体表面浆缝需留出1~2cm深的缝槽施作砂浆勾缝，其强度应比砌体砂浆提高一级，砌体隐蔽面砌缝可随砌随刮平，不另勾缝。

挡土墙采用片石砌筑时，片石应分层砌筑，宜以2~3层为一工作层。每工作层的水平缝大致凿平，竖缝应错开，不得贯通。

墙体边廓定位行列和转角石，应选择形状方正，尺寸较大的石料，并长短相间地与里层砌体咬成一体，上下层石块应交错排列，避免砌缝重合，砌缝宽度不大于4cm。

较大的片石使用于下层。宽面朝下，块与块之间均应有砂浆隔开，不得直接接触。竖缝较宽时，可在砂浆中塞以小石子，但不得在砌块下面直接用小石子支垫。

砌体中石块应大小搭配，相互错叠，咬接紧密，并备有各种尺寸的小石块，作挤浆填缝用。挤浆时，可用小锤将小石子轻轻敲入缝中。

挡土墙采用片石砌筑时，必须设置丁石，并应均匀分布，相互错开，一般每0.7m^2至少一块。

挡土墙采用块石砌筑时，块石应平砌。根据墙高进行分层配料，每层石料高度大致齐平。镶面块石的表面四周应加修整，尾部略微缩小，易于安砌，块石的镶面石应一丁一顺排列，灰缝宽度为2~3cm，上下层竖缝错开距离不小于8cm。

挡土墙采用料石及混凝土块砌筑时，每层镶面石应按规定的灰缝宽度及错缝要求配好石料，用铺浆法顺序砌筑，随砌随填立缝。砌筑工序应从曲线部分开始，先安角石，一层镶面石砌筑完毕，方可砌填芯石，其高度应与镶面石平。如用水泥混凝土填芯，可先砌2~3层后再浇筑混凝土。每层镶面石均应一丁一顺砌筑，砌缝宽度均匀，当为粗料石时不大于2cm，当为混凝土块时不大于1cm。相邻两层的立缝错开不小于10cm，在丁石的上下层不得有竖缝。所有竖缝均应垂直，砌筑时须随时用水平尺及铅垂线校核。

相关链接

以下介绍挡土墙、防护及其他砌筑工程的质量检测与评定。

1.砌体挡土墙

1)基本要求

(1)石料或混凝土预制块的质量和规格应符合有关规范和设计要求。

(2)砂浆所用的水泥、砂、水的质量应符合有关规范的要求，按规定的配合比施工。

(3)地基承载力必须满足设计要求。

(4)砌筑应分层错缝。浆砌时坐浆挤紧，嵌填饱满密实，不得有空洞；干砌时不得松动、叠砌和浮塞。

(5)沉降缝、泄水孔、反滤层的设置位置、质量和数量应符合设计要求。

2)实测项目及质量允许偏差

砌体挡土墙工程的实测项目及质量允许偏差如表5-19、表5-20所示。

砌体挡土墙实测项目 表5-19

项次	检查项目	规定值或允许偏差	检查方法和频率	权值
1	砂浆强度(MPa)	在合格标准内	按有关方法检查	3
2	平面位置(mm)	50	经纬仪：每20m检查墙顶外边线3点	1
3	顶面高程(mm)	±20	水准仪：每20m检查1点	1

续上表

项次	检查项目		规定值或允许偏差	检查方法和频率	权值
4	竖直度或坡度(%)		0.5	吊垂线:每20m检查2点	1
5	断面尺寸(mm)		不小于设计	尺量:每20m量2个断面	3
6	底面高程(mm)		±50	水准仪:每20m检查1点	1
7	表面平整度(mm)	块石	20	2m直尺:每20m检查3处,每处检查竖直和墙长两个方向	1
		片石	30		
		混凝土块、料石	10		

干砌挡土墙实测项目 表5-20

项次	检查项目	规定值或允许偏差	检查方法和频率	权值
1	平面位置(mm)	50	经纬仪:每20m检查3点	2
2	顶面高程(mm)	±30	水准仪:每20m测3点	2
3	竖直度或坡度(%)	0.5	尺量:每20m吊垂线检查3点	1
4	断面尺寸(mm)	不小于设计	尺量:每20m检查2处	2
5	底面高程(mm)	±50	水准仪:每20m测1点	2
6	表面平整度(mm)	50	2m直尺:每20m检查3处,每处检查竖直和墙长两个方向	1

2. 悬臂式和扶臂式挡土墙

1)基本要求

(1)混凝土所用的水泥、石、砂、水和外掺剂的质量和规格应符合有关规范的要求,按规定的配合比施工。

(2)地基强度必须满足设计要求。

(3)不得有露筋和空洞现象。

(4)沉降缝、泄水孔的设置位置、质量和数量应符合设计要求。

2)实测项目及质量允许偏差

悬臂式和扶臂式挡土墙工程的实测项目及质量允许偏差如表5-21所示。

悬臂式和扶臂式挡土墙实测项目 表5-21

项次	检查项目	规定值或允许偏差	检查方法和频率	权值
1	混凝土强度(MPa)	在合格标准内	按有关方法检查	3
2	平面位置(mm)	30	经纬仪:每20m检查3点	1
3	顶面高程(mm)	±20	水准仪:每20m检查1点	1
4	竖直度或坡度(%)	0.3	吊垂线:每20m检查2点	1
5	断面尺寸(mm)	不小于设计	尺量:每20m检查2个断面,抽查扶臂2个	2
6	底面高程(mm)	±30	水准仪:每20m检查1点	1
7	表面平整度(mm)	5	2m直尺:每20m检查2处,每处检查竖直和墙长两个方向	1

3. 锚杆、锚定板和加筋土挡土墙

1)基本要求

(1)混凝土所用的水泥、砂、石、水和外掺剂的质量和规格必须符合有关规范的要求,按规

定的配合比施工。

(2)地基强度应符合设计要求。

(3)锚杆、拉杆或筋带的质量和规格,必须满足设计和有关规范的要求,根数不得少于设计数量。

(4)筋带须理顺,放平拉直,筋带与面板、筋带与筋带连接牢固。

(5)混凝土不得出现露筋和空洞现象。

2)实测项目及质量允许偏差

锚杆、锚定板和加筋土挡土墙工程的实测项目及质量允许偏差如表5-22~表5-26所示。

筋带实测项目 表5-22

项次	检查项目	规定值或允许偏差	检查方法和频率	权值
1	筋带长度	不小于设计	尺量:每20m检查5根(束)	2
2	筋带与面板连接	符合设计要求	目测:每20m检查5处	2
3	筋带与筋带连接	符合设计要求	目测:每20m检查5处	2
4	筋带铺设	符合设计要求	目测:每20m检查5处	1

锚杆、拉杆实测项目 表5-23

项次	检查项目	规定值或允许偏差	检查方法和频率	权值
1	锚杆、拉杆长度	符合设计要求	尺量:每20m检查5根	2
2	锚杆、拉杆间距(mm)	±20	尺量:每20m检查5根	1
3	锚杆、拉杆与面板连接	符合设计要求	目测:每20m检查5处	2
4	锚杆、拉杆防护	符合设计要求	目测:每20m检查10处	2
5	锚杆抗拔力	抗拔力平均值≥设计值,最小抗拔力≥0.9设计值	拔力试验:锚杆数1%,且不少于3根	3

面板预制实测项目 表5-24

项次	检查项目	规定值或允许偏差	检查方法和频率	权值
1	混凝土强度(MPa)	在合格标准内	按有关方法检查	3
2	边长(mm)	±5或0.5%边长	尺量:长宽各量1次,每批抽查10%	2
3	两对角线差(mm)	10或0.7%最大对角线长	尺量:每批抽查10%	1
4	厚度(mm)	+5,-3	尺量:检查2处,每批抽查10%	2
5	表面平整度(mm)	4或0.3%边长	2m直尺:长、宽方向各测1次,每批抽查10%	1
6	预埋件位置(mm)	5	尺量:检查每件,每批抽查10%	1

面板安装实测项目 表5-25

项次	检查项目	规定值或允许偏差	检查方法和频率	权值
1	每层面板顶高程(mm)	±10	水准仪:每20m抽查3组板	1
2	轴线偏位(mm)	10	挂线、尺量:每20m量3处	2
3	面板竖直度或坡度	+0,-0.5%	吊垂线或坡度板:每20m检查3处	1
4	相邻面板错台(mm)	5	尺量:每20m面板交界处检查3处	1

注:面板安装以同层相邻两板为一组。

锚杆、锚定板和加筋土挡土墙总体实测项目 表 5-26

项次	检查项目		规定值或允许偏差	检查方法和频率	权值
1	墙顶和肋柱平面位置(mm)	路堤式	+50，-100	经纬仪:每 20m 检查 3 处	2
		路肩式	±50		
2	墙顶和柱顶高程(mm)	路堤式	±50	水准仪:每 20m 测 3 点	2
		路肩式	±30		
3	肋柱间距		±15	尺量:每柱间	1
4	墙面倾斜度(mm)		+0.5%H 且不大于 +50，-1%H 且不小于 -100	吊垂线或坡度板:每 20m 测 2 处	2
5	面板缝宽(mm)		10	尺量:每 20m 至少检查 5 条	1
6	墙面平整度(mm)		15	2m 直尺:每 20m 测 3 处	1

注:①平面位置和倾斜度"+"指向外,"-"指向内;

②H 为墙高。

4. 砌石工程

1)基本要求

(1)石料质量、规格及砂浆所用材料的质量应符合设计要求。

(2)砌块应错缝砌筑、相互咬紧;浆砌时砌块应坐浆挤紧,嵌缝后砂浆饱满,无空洞现象;干砌时不松动、无叠砌和浮塞。

2)实测项目及质量允许偏差

砌石工程的实测项目及质量允许偏差如表 5-27、表 5-28 所示。

浆砌砌体实测项目 表 5-27

项次	检查项目		规定值或允许偏差	检查方法和频率	权值
1	砂浆强度(MPa)		在合格标准内	按有关方法检查	3
2	顶面高程(mm)	料、块石	±15	水准仪:每 20m 检查 3 点	1
		片石	±20		
3	竖直度或坡度	料、块石	0.3%	吊垂线:每 20m 检查 3 点	2
		片石	0.5%		
4	断面尺寸(mm)	料石	±20	尺量:每 20m 检查 2 处	2
		块石	±30		
		片石	±50		
5	表面平整度(mm)	料石	10	2m 直尺:每 20m 检查 5 处×3 尺	2
		块石	20		
		片石	30		

干砌片石实测项目 表 5-28

项次	检查项目	规定值或允许偏差	检查方法和频率	权值
1	顶面高程(mm)	±30	水准仪:每 20m 测 3 点	1
2	外形尺寸(mm)	±100	尺量:每 20m 或自然段,长宽各 3 处	2
3	厚度(mm)	±50	尺量:每 20m 检查 3 处	3
4	表面平整度(mm)	50	2m 直尺:每 20m 检查 5 处×3 尺	2

其他的工程，如排水泵站、抗滑桩、锥坡、护坡、石笼防护等的实测项目及质量允许偏差详见《公路工程质量检验评定标准(土建工程)》(JTG F80/1—2004)。

任务4 其他类型挡土墙施工

一、衡重式挡土墙

衡重式挡土墙利用衡重台上填土和全墙重心后移增加墙身稳定，减小断面尺寸；且因其墙面胸坡很陡，下墙墙背仰斜，可降低墙高，减少开挖工作量，避免过多牵动山体的稳定，适用于山区、地面横坡较陡的地方。作为路堑墙时，有时还可以利用台后净空拦挡山坡落石。衡重式挡墙基底面积较小，对地基承载力要求较高，因此应设置在较坚实的地基上。

衡重式挡土墙(图5-12)的胸坡通常采用1:0.05，上墙墙背俯斜，坡率在1:0.25~1:0.45之间，下墙墙背仰斜，坡率1:0.25，上墙下墙的高度比采用2:3，衡重台宽度由检算确定。

衡重式挡土墙的构造及其他要求与普通重力挡土墙相同。

二、加筋土挡土墙

加筋土挡土墙具有圬工工程量少、地基强度要求不高、抗震性能好、造价低、施工方便、进度快等特点，在公路工程中已广泛应用于挡土墙和桥台部位。

1. 加筋土挡土墙的构造

加筋土挡土墙(图5-13)是由墙面板、筋带和加筋体填料、基础四部分组成的，依靠填料与筋带的摩擦力来平衡面板所受的水平土压力(即加筋土挡土墙的内部稳定)，并以这一复合结构去抵抗筋带尾部所产生的土压力(即加筋土挡土墙的外部稳定)。

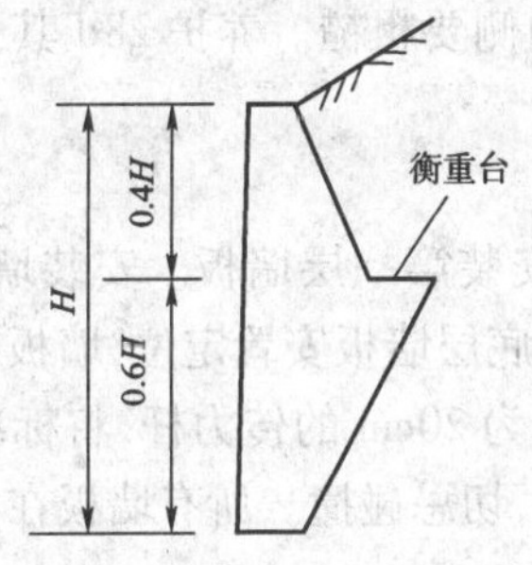

图5-12 衡重式挡土墙示意图

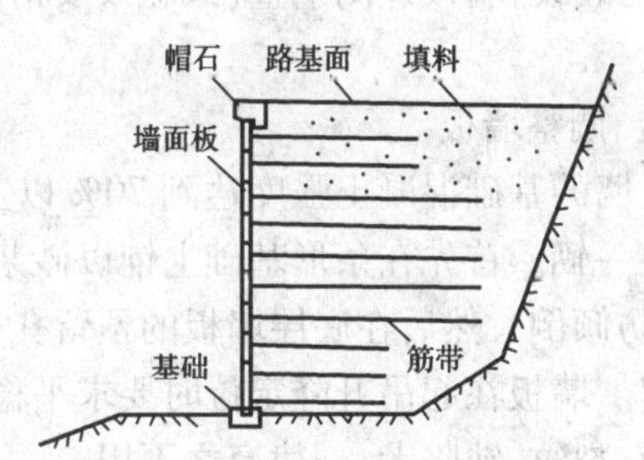

图5-13 加筋土挡土墙结构示意图

墙面板一般采用混凝土预制件，其强度等级不应低于C20，厚度不应小于8cm。混凝土面板外形可选用十字形、槽形、六角形、L形、矩形等，墙顶和角隅处可采用异形面板和角隅面板。

筋带有扁钢带、钢筋混凝土带、聚丙烯土工带等材料，但高等级公路应采用扁钢带或钢筋混凝土带。

扁钢带宽度不应小于30mm，厚度不应小于3mm，宜用软钢(3号钢)轧制，光面或有肋均可，表面一般应镀锌或采取其他措施进行防锈处理。

钢筋混凝土带应分节预制，分节长度一般宜小于300cm，平面为长条形或楔形，断面宽10~25cm，厚6~10cm，内布设直径不小于8mm的钢筋网。混凝土的强度等级不宜低于C18。预制件的接长或与面板连接，可采用焊接或螺栓结合，结点应作防锈处理。

加筋体填料最好采用有一定级配的砾类土和砂类土；也可采用碎石土、黄土、中低液限黏性土、稳定土及满足质量要求的工业废渣；在采取可靠技术措施后方可采用高液限黏性土及其他特殊土，禁止采用腐殖土、冻结土、自垩土及硅藻土等。浸水部分应采用水稳性好的填料。

加筋土挡墙的基础是指墙面板下的基础，其主要作用是便于安砌墙面板。因此，这种基础可以做得很小，其断面视地基、地形条件而定，一般用宽大于0.3m、高度大于0.15m的条形基础即可。

2. 加筋土挡墙的施工工艺

加筋土挡墙的施工程序为：基底处理→基础浇筑→预制墙面板→安装、调整墙面板→铺设拉筋→填土、碾压。现分述如下。

1）基底处理

基底土要求反复碾压达到95%的压实度。如因基底土质不良无法满足压实度要求，则必须进行处理。

2）基础浇筑

按照测量放线的位置安装基础横板，在基础内侧，根据基础顶面高程画出墨线，按此墨线钉上塑料三角条，现浇混凝土时，用此三角条控制基顶高程。在条形基础上，测定底层墙板边线，并用10cm见方木料设置墙板临时支撑，如图5-14所示。条形基础一般为C20混凝土。

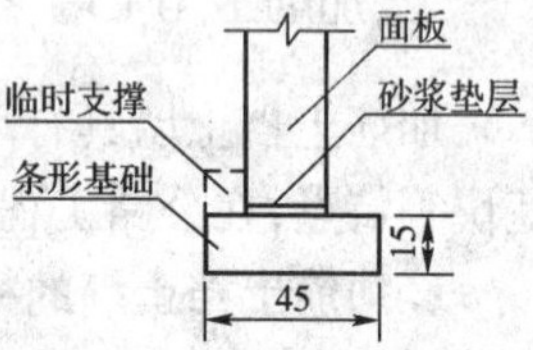

图5-14　条形基础（尺寸单位：cm）

3）预制墙板

预制墙板采用专用钢模板（一般十字形墙板采用钢模板，L形墙板采用木模板）。模板要求有足够的刚度和强度，几何尺寸误差应控制在0～-2mm之间，组装拆模方便，并具有一模多用等特点。墙板外侧花纹，由具有花纹面的聚丁橡胶模垫预先铺于模板内形成。预制时要求配合比准确，振捣密实，无裂纹，墙板外侧平整（或花纹要清晰），墙板内侧要粗糙。养护28d其强度应达到设计要求。

4）安装、调整墙板

当挡土墙的基础混凝土强度达到70%以上时，即可安装第一层墙板。安装墙板用吊车、大平板车各一辆。首先在条形基础上铺以砂浆垫层，起吊底层墙板安置定位，墙板内外侧均支以撑木，以防倾倒。然后在底层墙板的预留孔中插入长度为20cm的传力杆，将标准板安置于底层板之间。墙板在起吊升降定位时要求平稳，慢速轻放，切忌碰撞。所有墙板在安装前必须仔细检查，有裂纹、缺陷者，一律弃之不用。

墙板安装就位后，其竖向应符合设计边坡要求，横向应使每层墙板均在同一水平线上。因此，必须对墙板进行调整。

5）铺设拉筋

待填土达到一定位置时，即可铺设第一层拉筋，拉筋铺设时应水平散开成扇形，筋条之间不要重叠以防减少拉筋与填料之间的摩擦力。

6）填土碾压

每层筋条的填料一般分两层填铺，用平地机整平，每次松铺厚度一般为20～30cm，碾压后的压实度，要求达到95%，如经工地快速试验未达到压实度标准，必须将该层填土翻松，调整土的含水率（若水分偏多，则让其自然蒸发；若水分偏少，则用洒水车适量洒水），然后重新整平碾压，直至符合标准。按照经验，距离墙板2m内的填土采用1.5t小型压路机碾压，2m以外用 12 ~ 15t 压路机碾压。

三、锚杆式挡土墙和锚定板式挡土墙

1. 锚杆式挡土墙

锚杆式挡土墙是由钢筋混凝土墙面和锚杆组成的支挡构造物，如图 5-15 所示，它依靠锚固在稳定地层的锚杆所提供的拉力维持挡土墙的平衡，多用于具有较完整岩石地段的路堑边坡支挡。深路堑锚杆挡土墙可以自上而下逐级施工，比较方便和安全。

锚杆式挡土墙一般由立柱、挡土板和灌浆锚杆组成，可以采用拼装式，也可以就地灌注。为便于施工，一般为直立式，根据不同的地形地质条件，可作成单级和多级。多级墙的上下两级之间应设置平台，平台的宽度通常不小于 1.5m，每级墙的高度一般不宜大于 6m。

锚杆孔采用钻机钻孔。一般向下倾斜 10° ~ 45°，直径为 100 ~ 150mm，间距不小于 2.0m。孔内安放钢筋或钢丝束，用灌注水泥砂浆的方法，使其锚固于稳定的地层内。水泥砂浆的强度等级不应低于 M30。灌浆锚杆也可用于土层，但由于土层与锚杆间的握固力较低，需采用扩孔和加压灌浆等方法提高锚杆的抗拔力。

立柱的间距一般为 2 ~ 3m，立柱的截面多为矩形，也有的为 T 形。为安放挡土板和设置锚杆孔，截面的宽度不宜小于 30cm。立柱的底端，一般作成自由端和铰支端，如果基础埋置较深，且为坚硬岩石时，也可作为固结端。

挡土板可采用钢筋混凝土槽形板、空心板和矩形板。矩形板的厚度一般不得小于 15cm。挡土板两端与立桩的搭接长度不得小于 10cm。

2. 锚定板式挡土墙

锚定板式挡土墙是一种适用于填方的轻型挡土结构。如图 5-16 所示，它依靠埋置于填料中的锚定板所提供的抗拔力维持挡土墙的稳定。其主要特点是结构轻、柔性大。

锚定板挡土墙由立柱、挡土板、锚定板、钢拉杆、连接件和填料组成，一般还设有基础，如图 5-16 所示。单级的墙高不宜大于 6 m；双级的上下两级之间，宜设平台，平台宽度不小于1.5m，上下两级墙的立柱错开布置。

锚定板挡土墙的立柱和挡土板与锚杆挡土墙的相似。

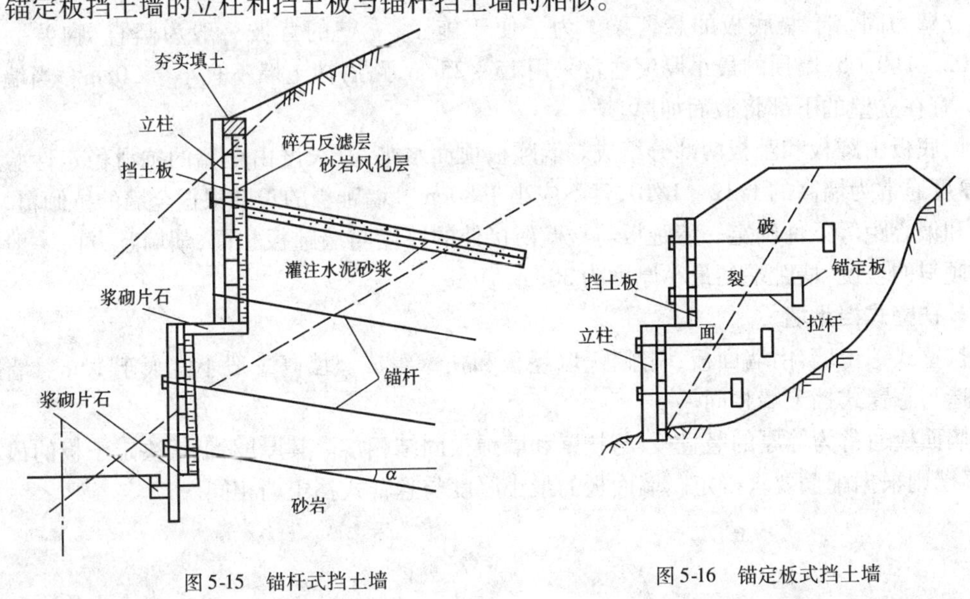

图 5-15 锚杆式挡土墙

图 5-16 锚定板式挡土墙

锚定板通常采用方形钢筋混凝土板，亦可采用矩形板，其面积不小于 $0.5m^2$。拉杆宜采用螺纹钢筋，其直径不宜小于 22mm，亦不宜大于 32mm。通常拉杆用单根钢筋，必要时亦可用两根钢筋组成。

锚定板挡土墙后的填料，应采用砾石土及细粒土。不得采用膨胀土、盐渍土、有机质土及巨粒土。

立柱基础可采用混凝土条形基础或杯座式基础等，立柱基础厚度不宜小于 50cm，襟边不宜小于 10cm。

四、悬臂式挡土墙和扶壁式挡土墙

悬臂式挡土墙和扶壁式挡土墙如图 5-17、图 5-18 所示，是轻型支挡结构物。依靠墙身自重和墙底板上填土（包括车辆荷载）的重量维持挡土墙的稳定，适用于石料缺乏和地基承载力较低的填方地段。

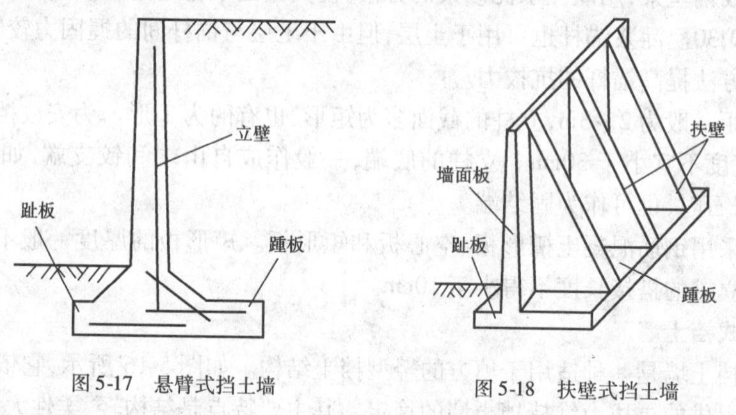

图 5-17　悬臂式挡土墙　　图 5-18　扶壁式挡土墙

1. 悬臂式挡土墙

由立壁和墙底板组成。墙高一般不大于 6m。当墙高大于 4m 时，宜在立臂前设置加劲肋；为了增加挡土墙的抗滑稳定性，减少墙踵板的长度，通常在墙踵板的底部设置凸榫（防滑键）。

立壁为固结于墙底板的悬臂梁。为了便于施工，立壁的背坡一般为竖直，胸坡一般为 1:0.02 ~ 1:0.05。墙顶的最小厚度通常采用 15 ~ 25cm，路肩挡土墙不宜小于 20cm。当墙身较高时，宜在立壁的下部将截面加厚。

墙底板由踵板和趾板两部分组成。墙踵板顶面水平，其长度由全墙的抗滑稳定性验算确定，厚度通常为墙高的 1/12 ~ 1/10，且不应小于 80cm。墙趾板的长度根据全墙的抗倾覆、基底应力和偏心距等条件确定。墙趾板与立壁衔接处的厚度与墙踵板相同，朝墙趾方向一般设置向下倾斜的坡度，墙趾端的最小厚度为 30cm。

2. 扶壁式挡土墙

扶壁式挡土墙，由墙面板、墙趾板、墙踵板和扶壁组成。墙高一般不宜大于 10m。墙趾板的构造与悬臂式挡土墙相同。

墙面板通常为等厚的竖直板，与扶壁和墙踵板固结相连。其厚度，低墙决定于板的最小厚度，高墙则根据配筋要求确定。墙面板的最小厚度与悬臂式挡土墙相同。

参考文献

[1] 张林洪,吴华金.公路排水设施施工手册[M].北京:人民交通出版社,2005.

[2] 杨航宇,等.公路边坡防护与治理[M].北京:人民交通出版社,2002.

[3] 凌天清,曾德荣.公路支挡结构[M].北京:人民交通出版社,2005.

[4] 陈忠达,王海林.公路挡土墙施工[M].北京:人民交通出版社,2004.

[5] 高民欢,等.高等级公路边坡冲刷理论与植被防护技术[M].北京:人民交通出版社,2005.

[6] 俞高明.公路施工技术[M].北京:人民交通出版社,2002.

[7] 薛安顺,陈秋玲,等.公路小桥涵勘测设计与示例[M].北京:人民交通出版社,2006.

[8] 黄晓明,张晓冰,高英.公路工程检测手册[M].北京:人民交通出版社,2004.

[9] 中华人民共和国行业标准 JTJ 018—97 公路排水设计规范[S].北京:人民交通出版社,1998.

[10] 姚祖康.公路排水设计手册[M].北京:人民交通出版社,2001.

[11] 交通部公路工程定额站,湖南省交通厅.公路工程工程量清单计量规则[M].北京:人民交通出版社,2005.

[12] 孙家驷.公路小桥涵勘测设计[M].北京:人民交通出版社,2004.

[13] 韩山农.公路工程施工测量[M].北京:人民交通出版社,2004.